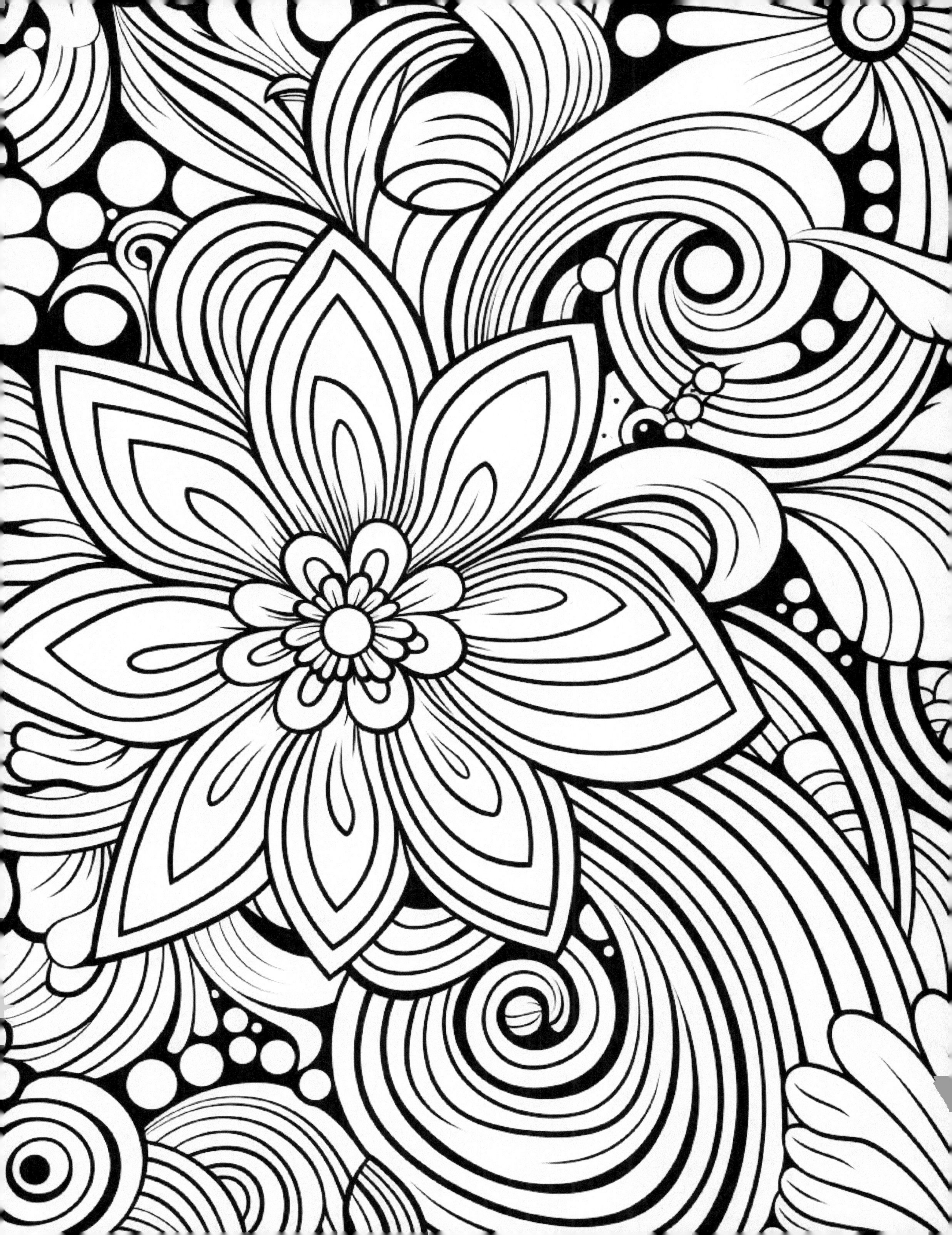

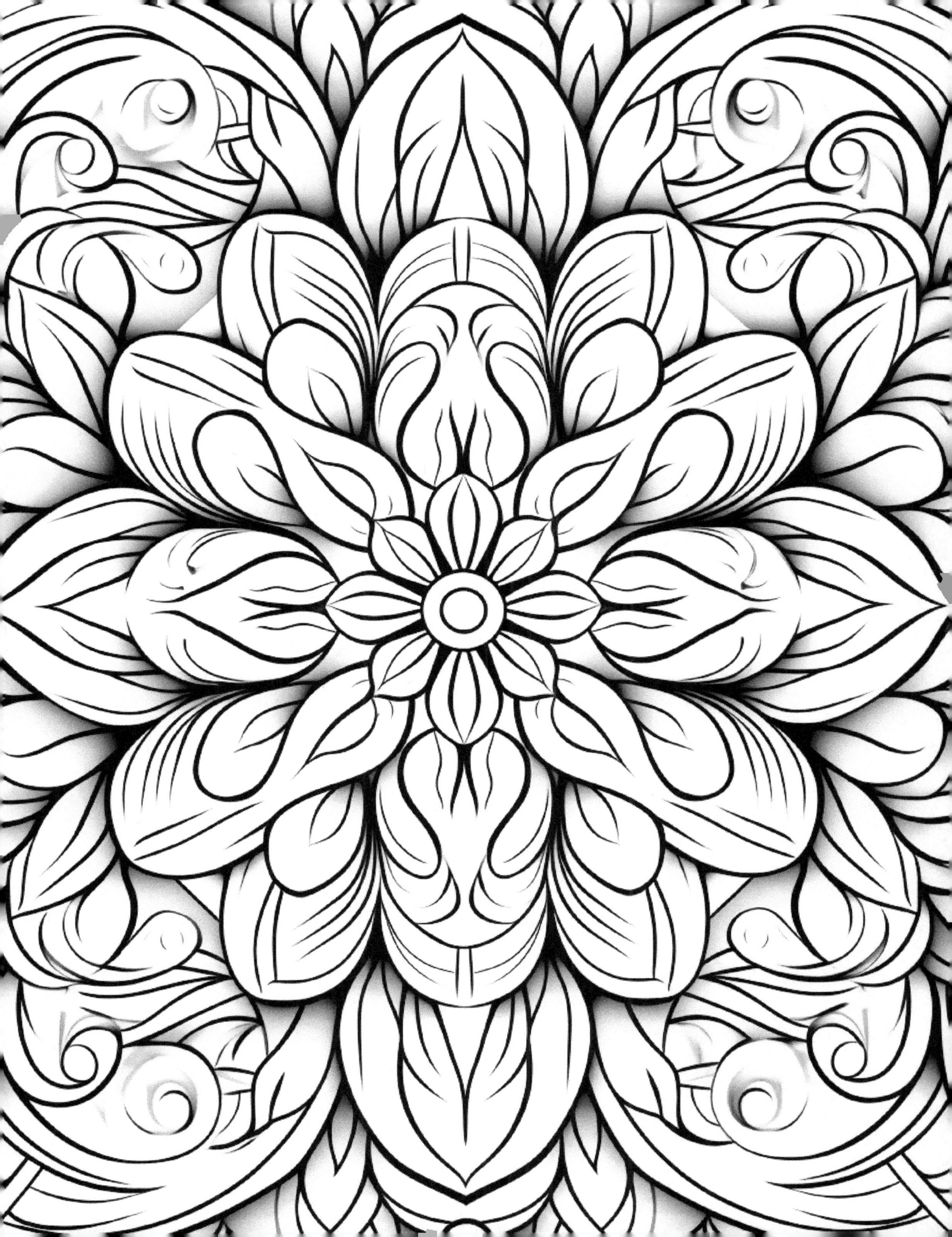

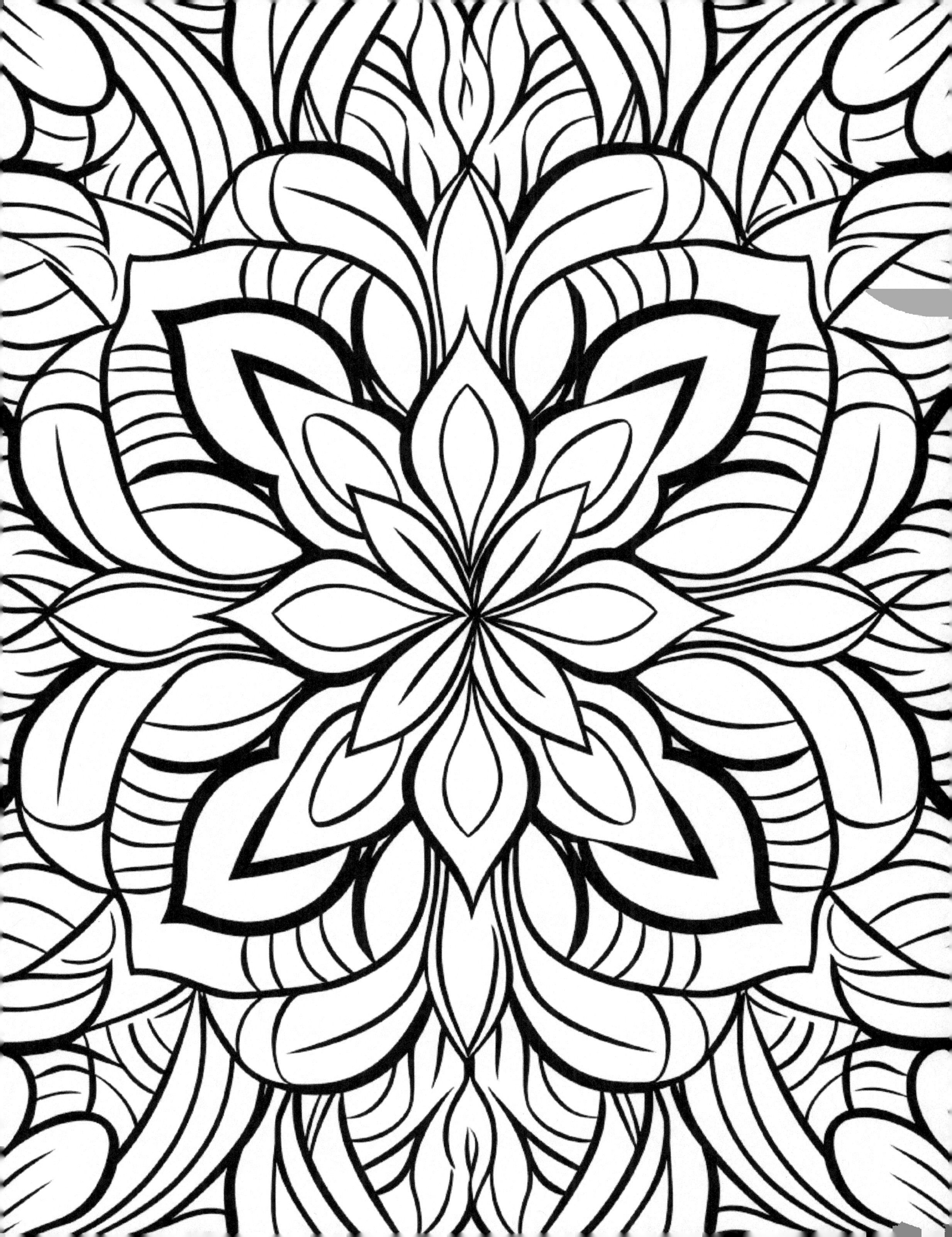

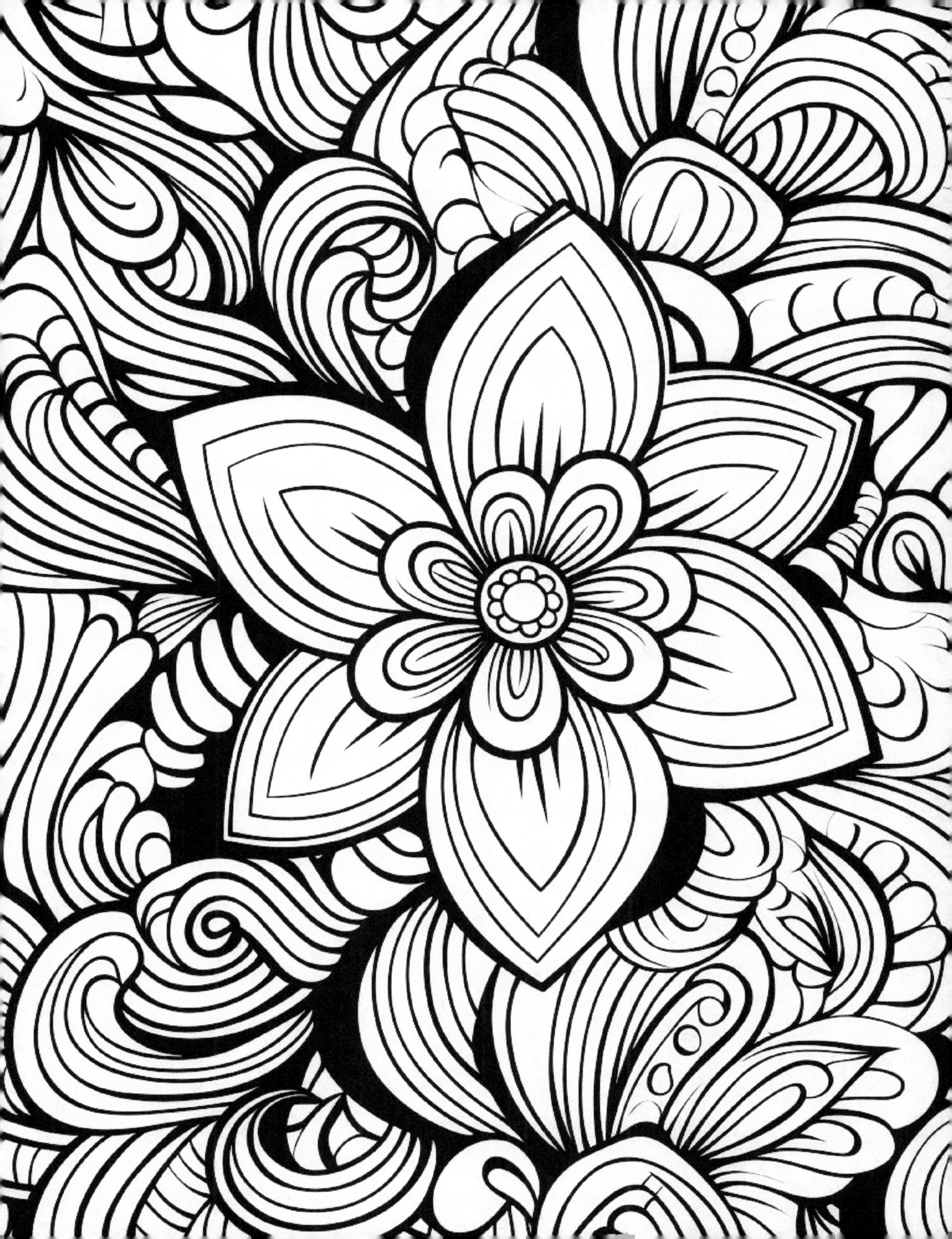

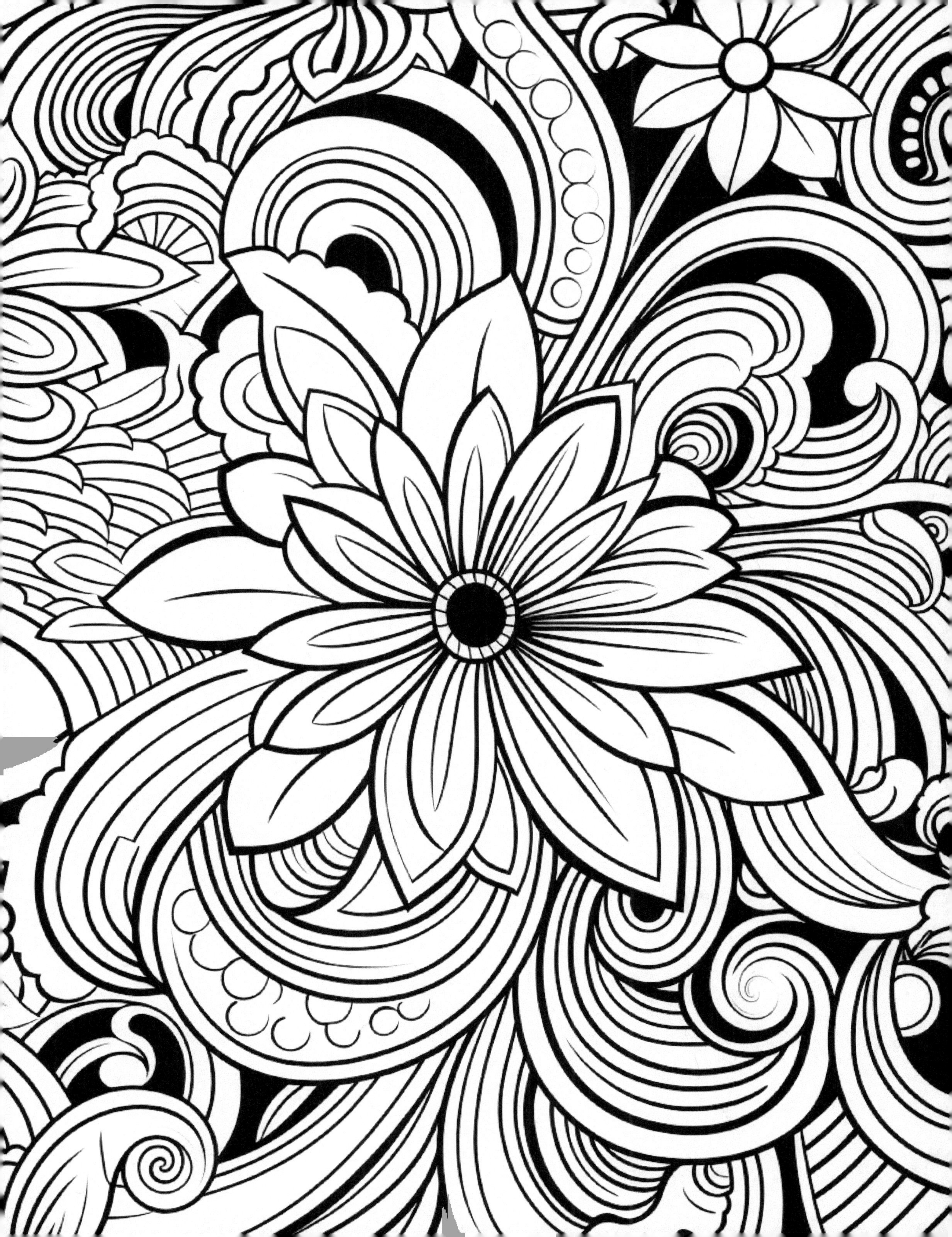

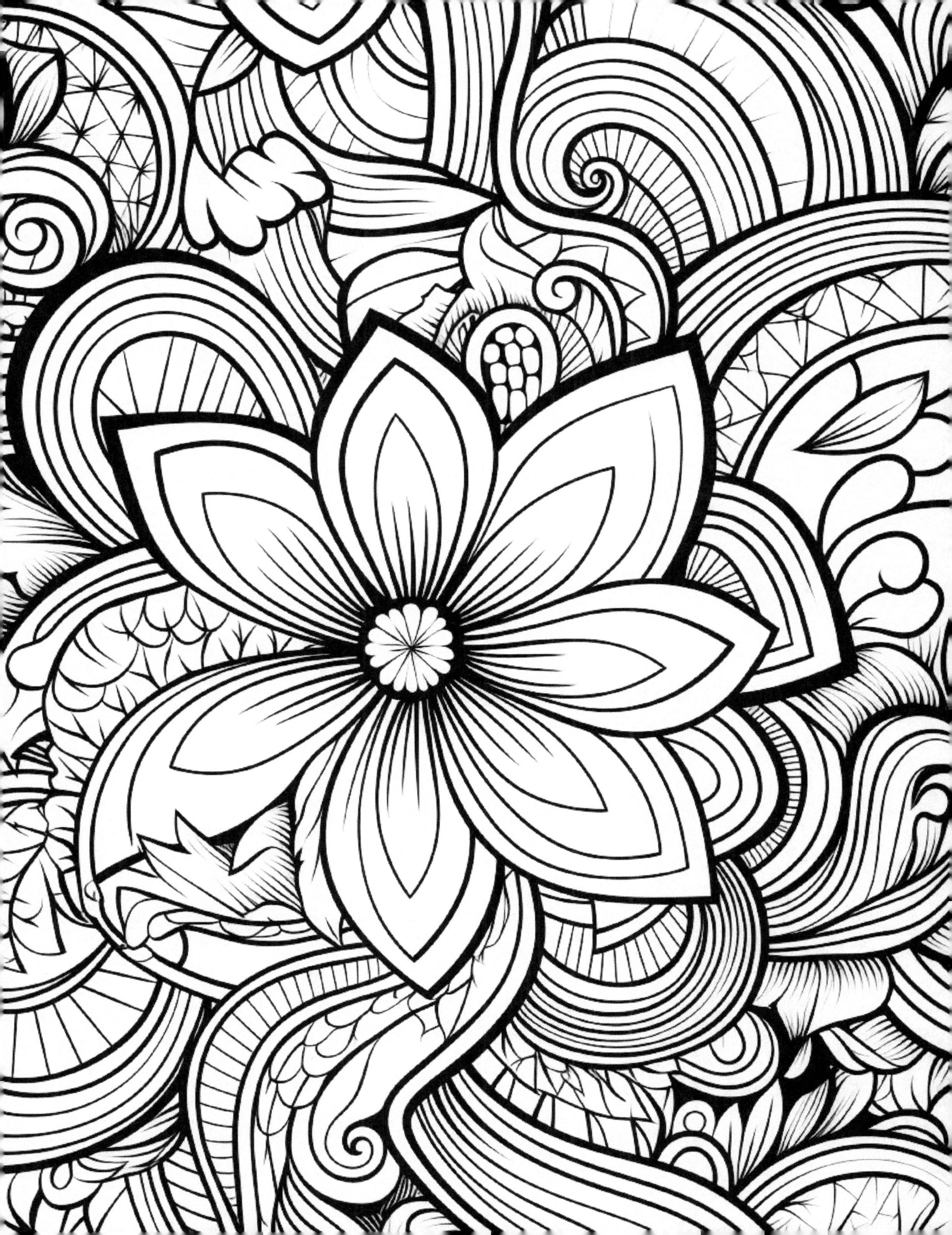

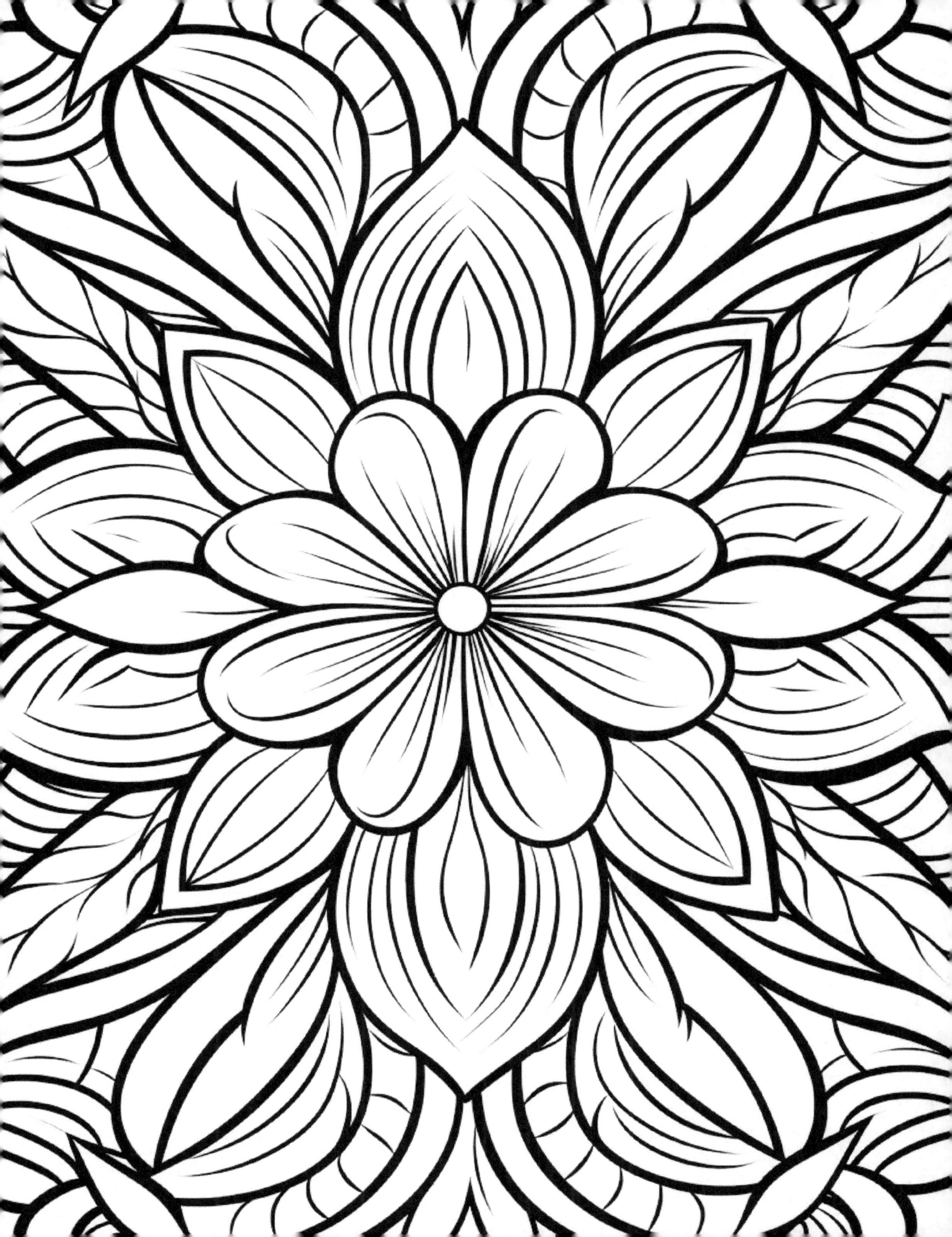

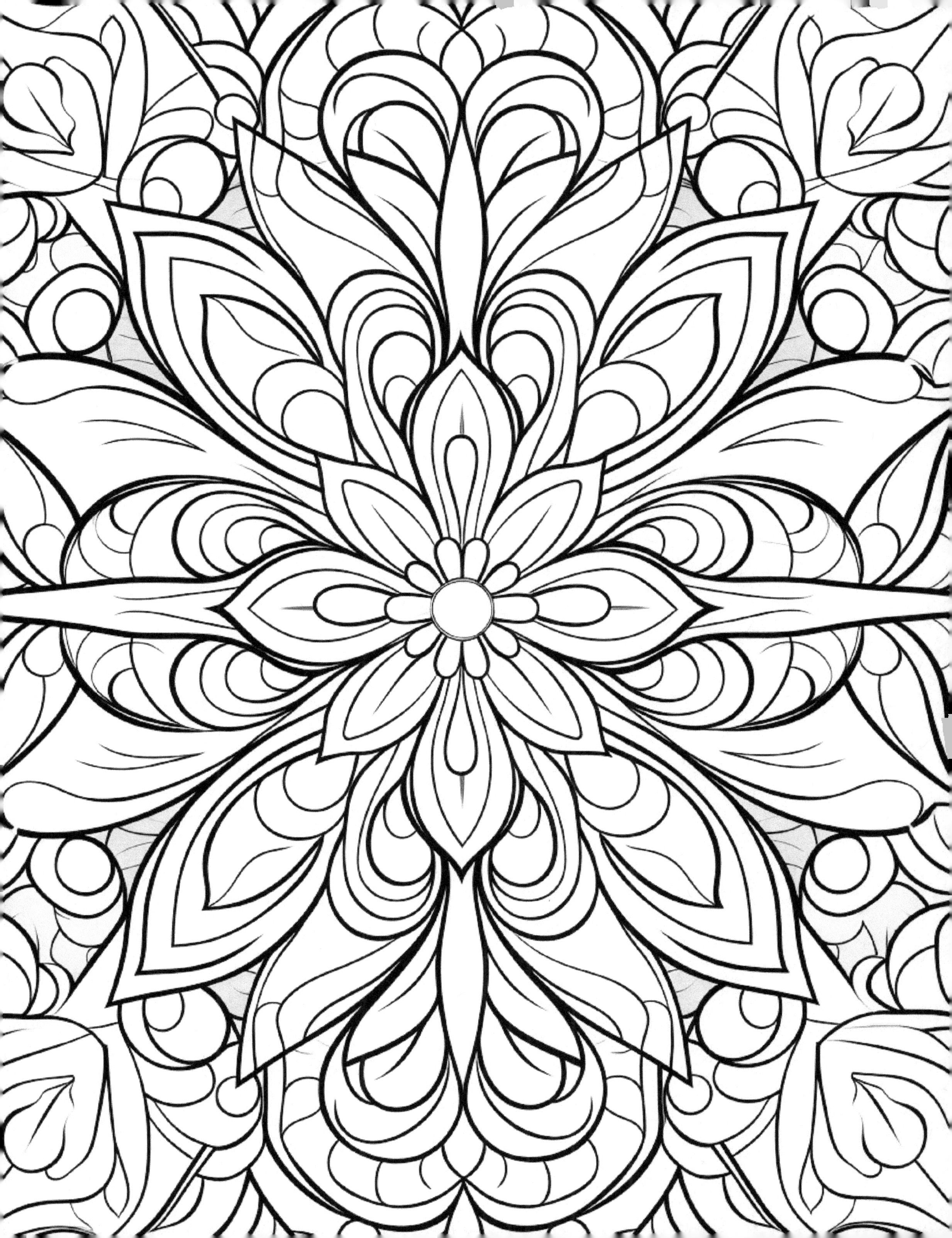

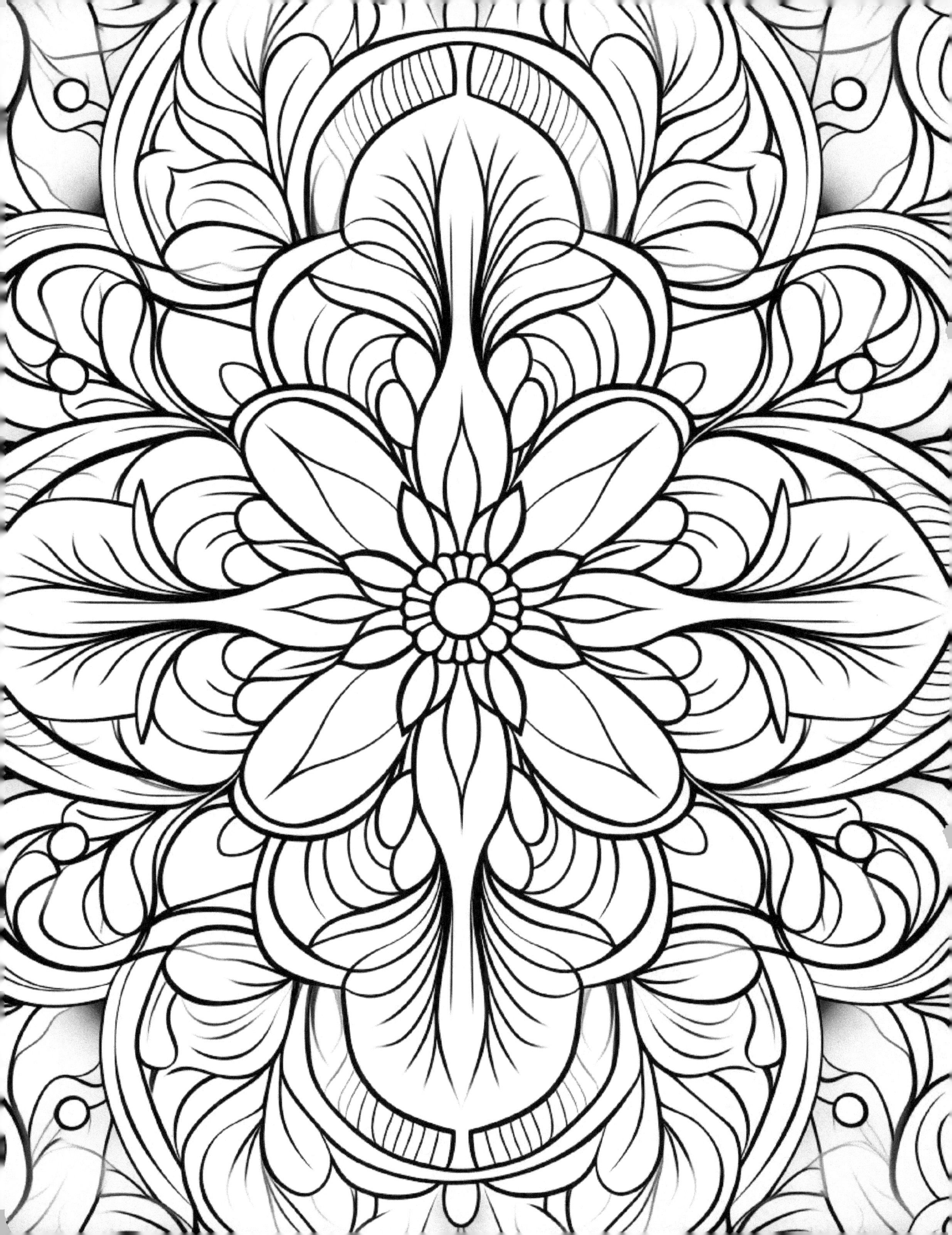

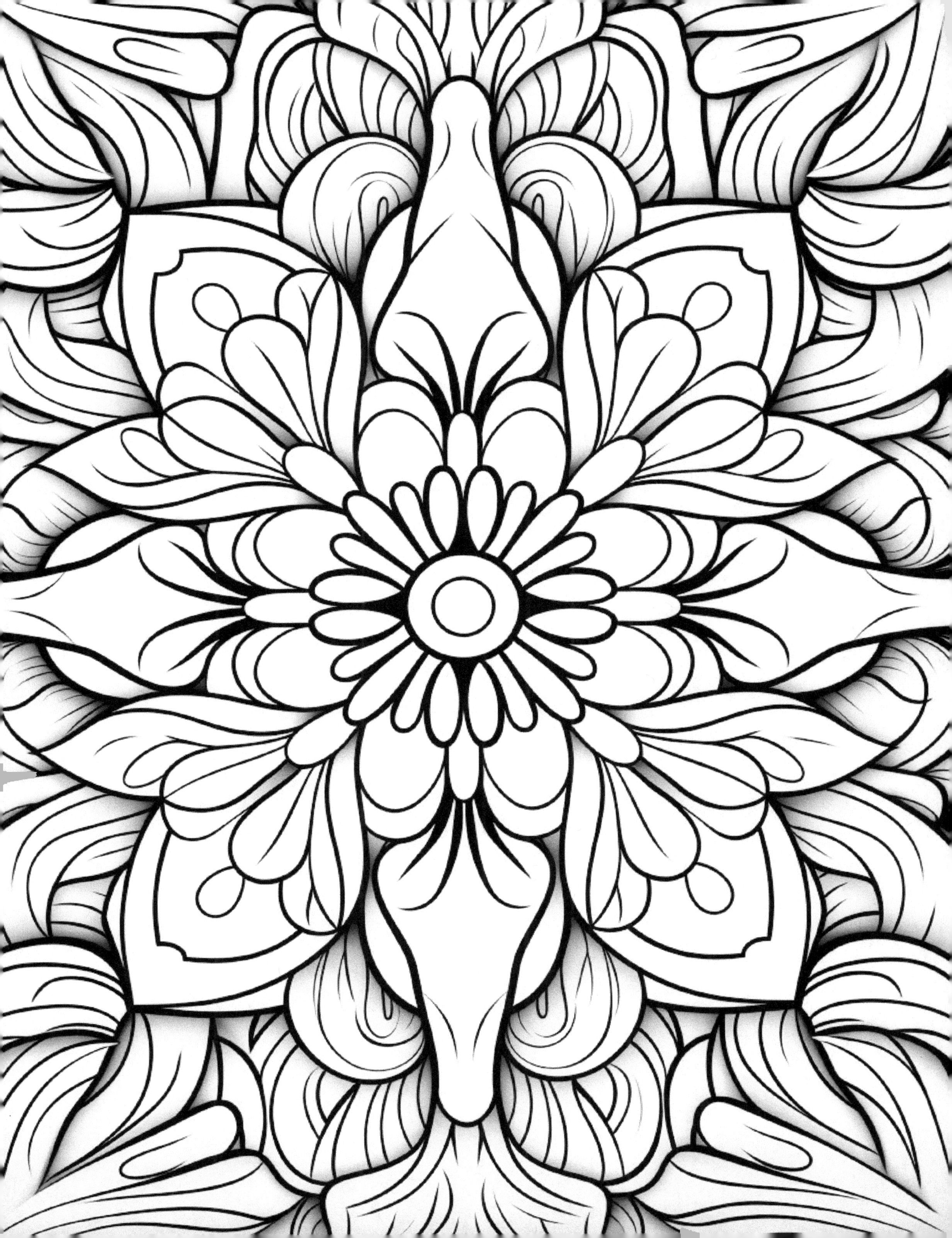

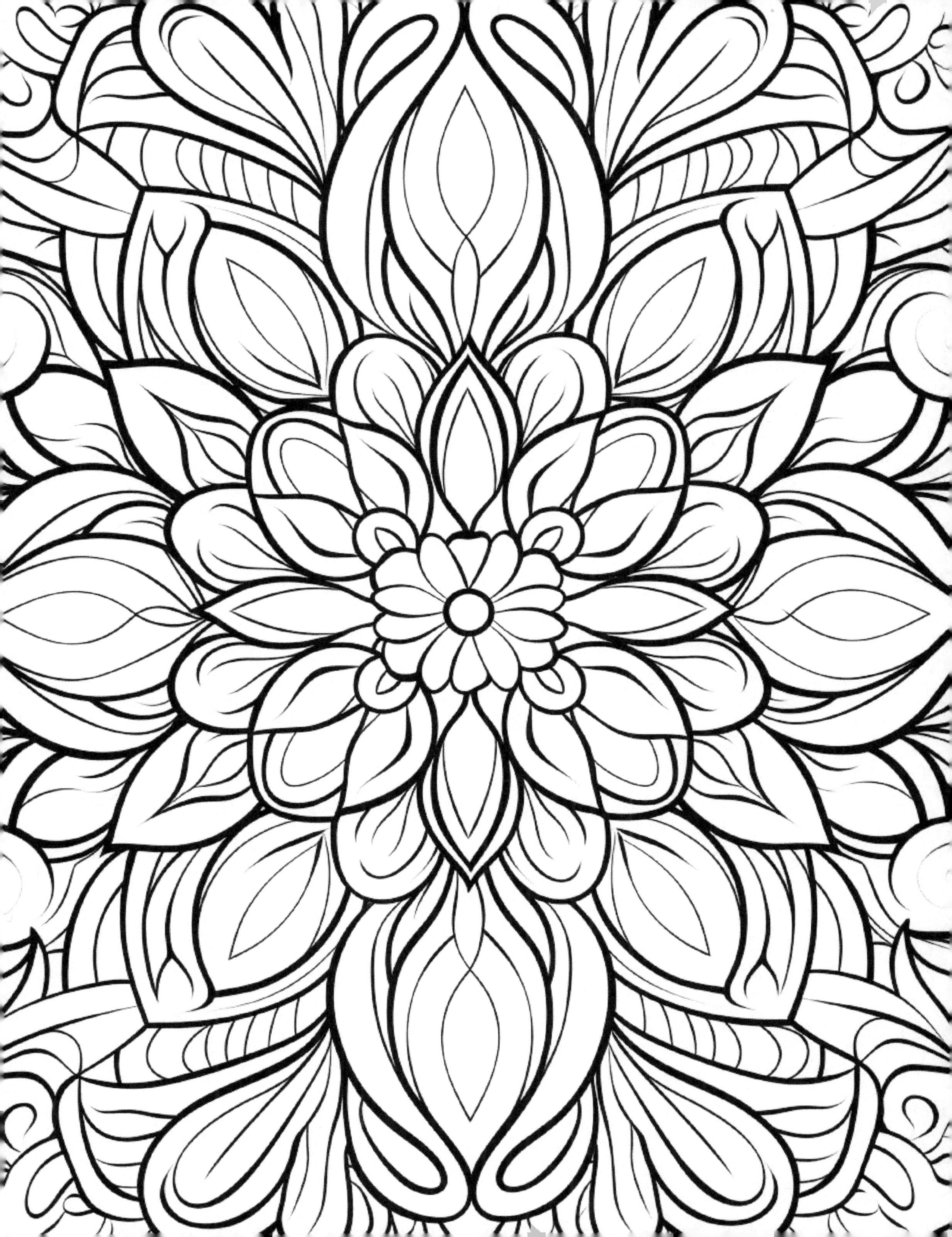

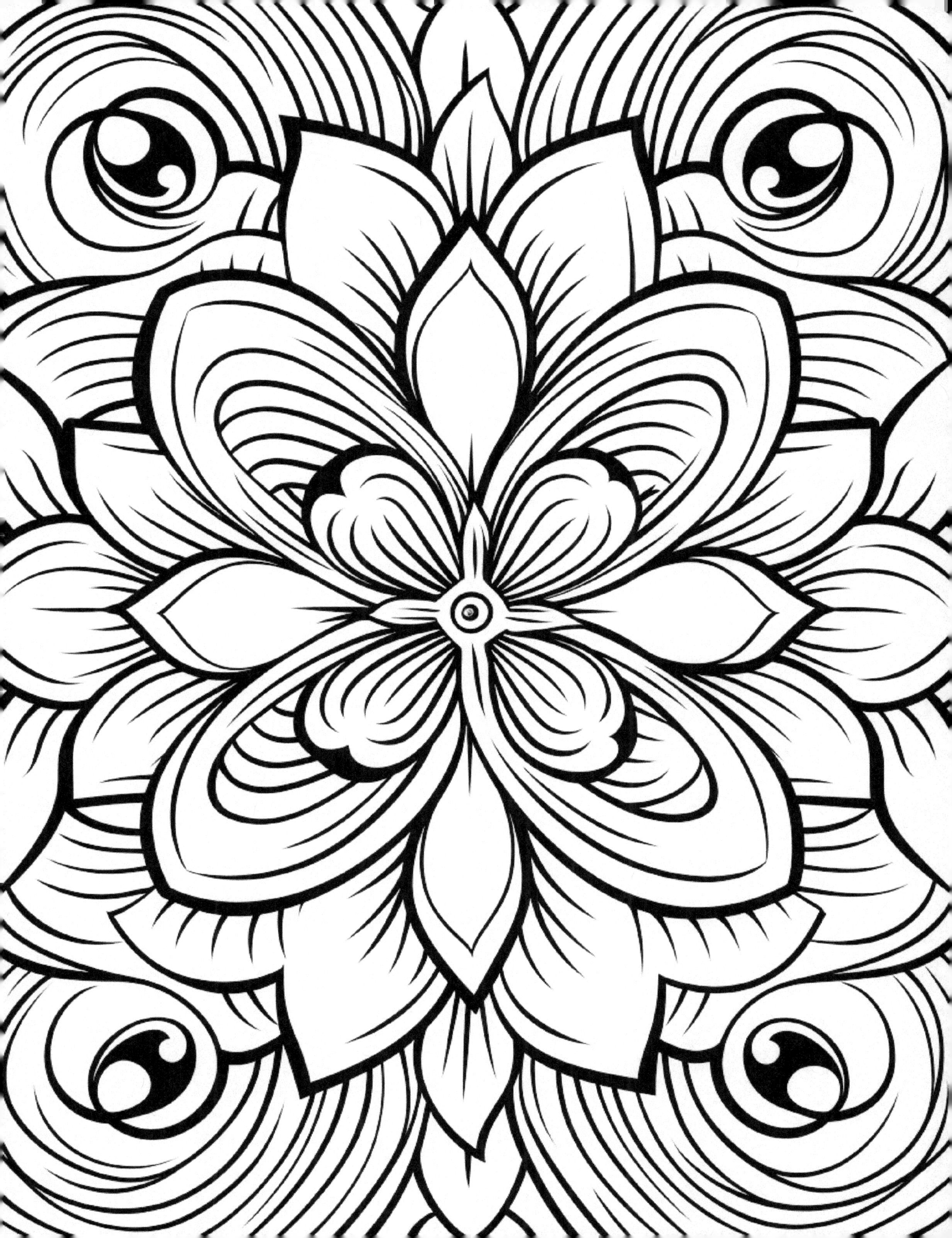

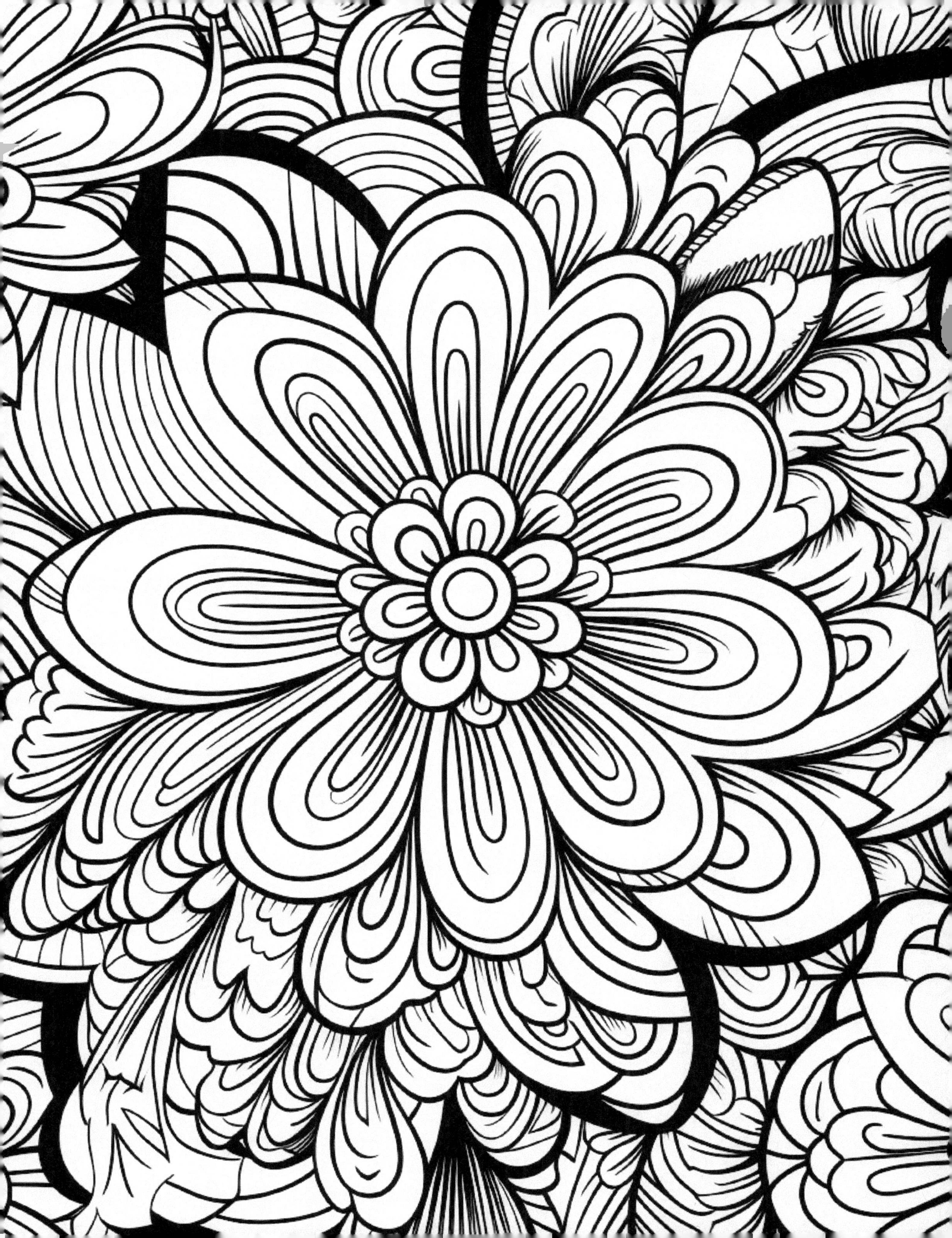

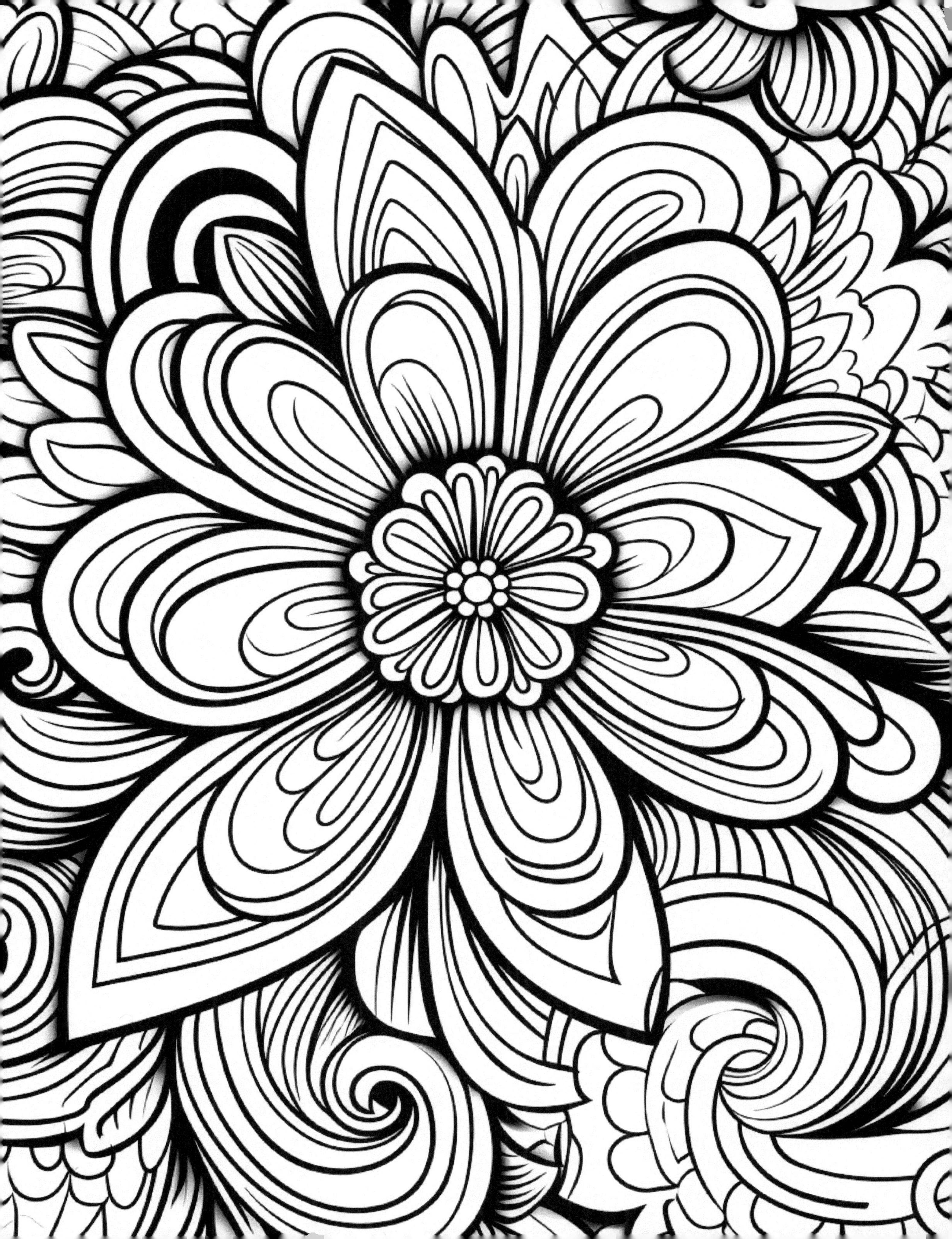

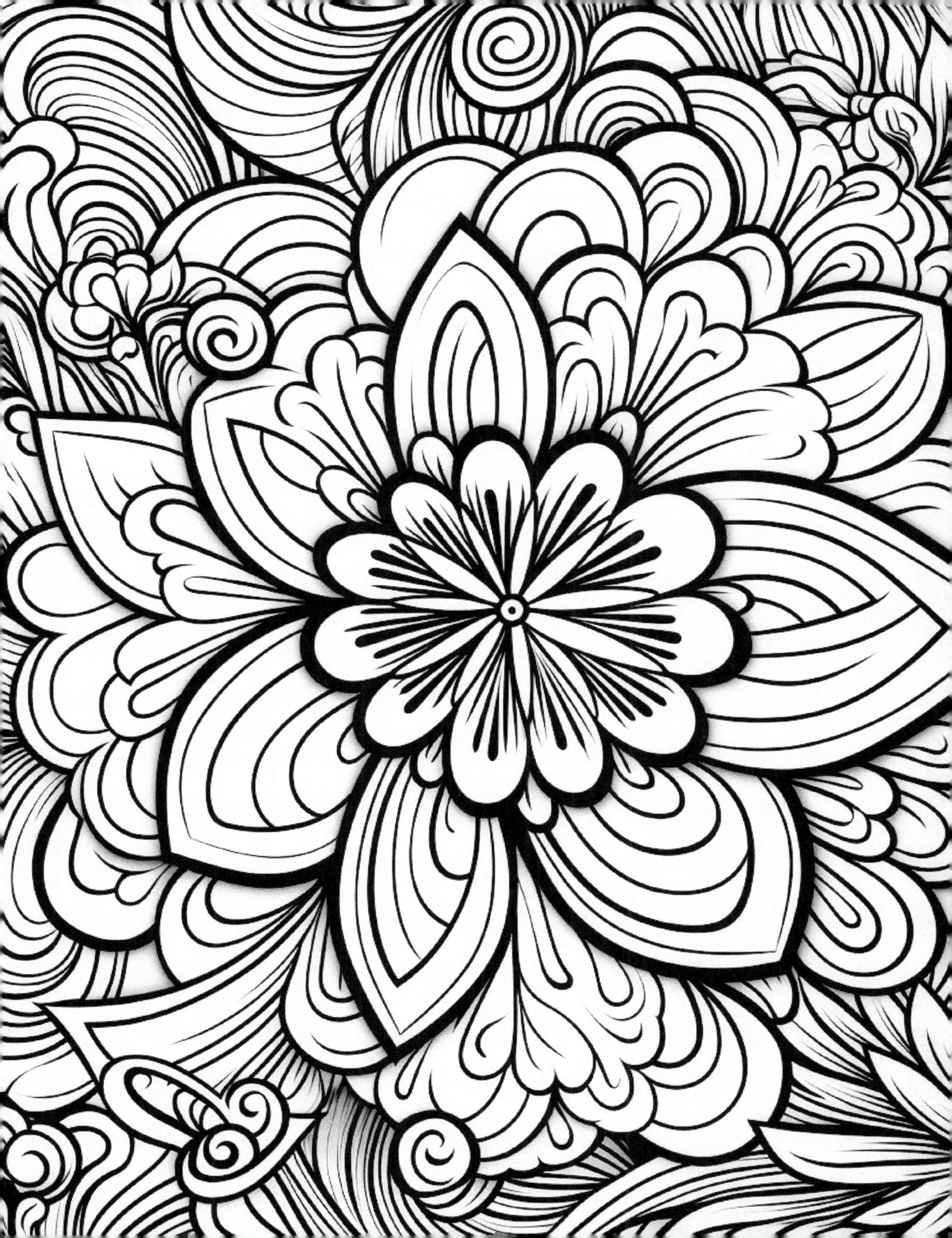

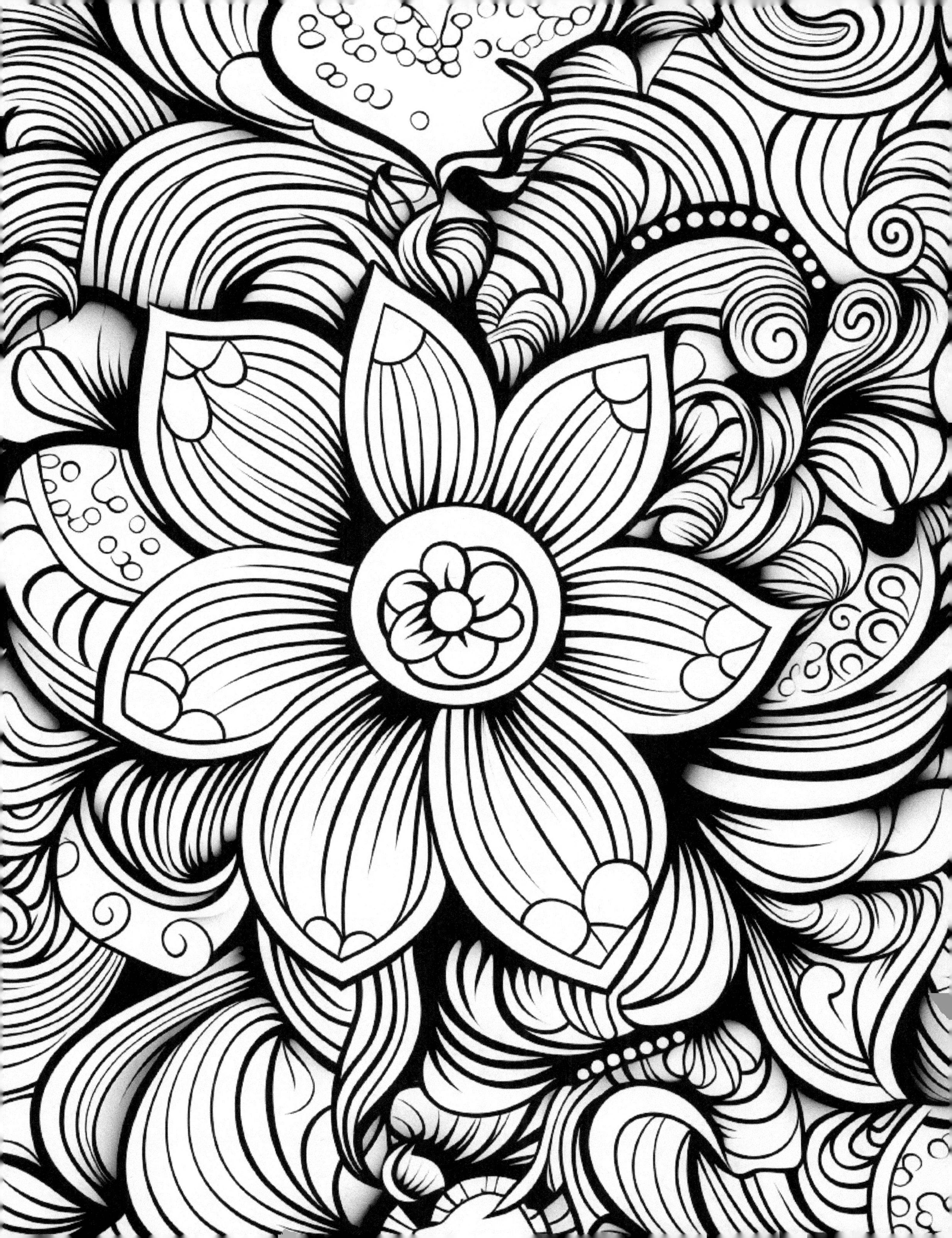

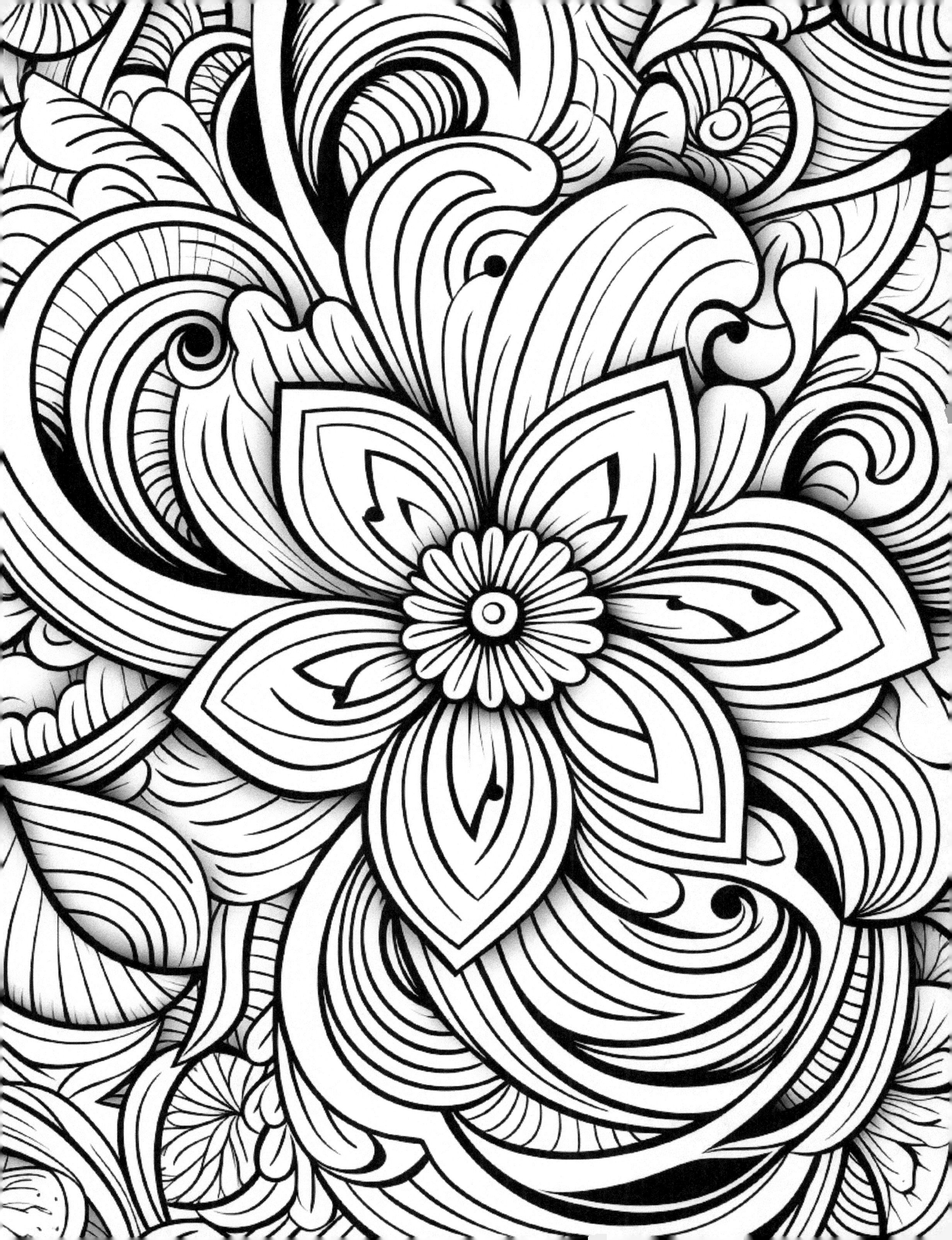

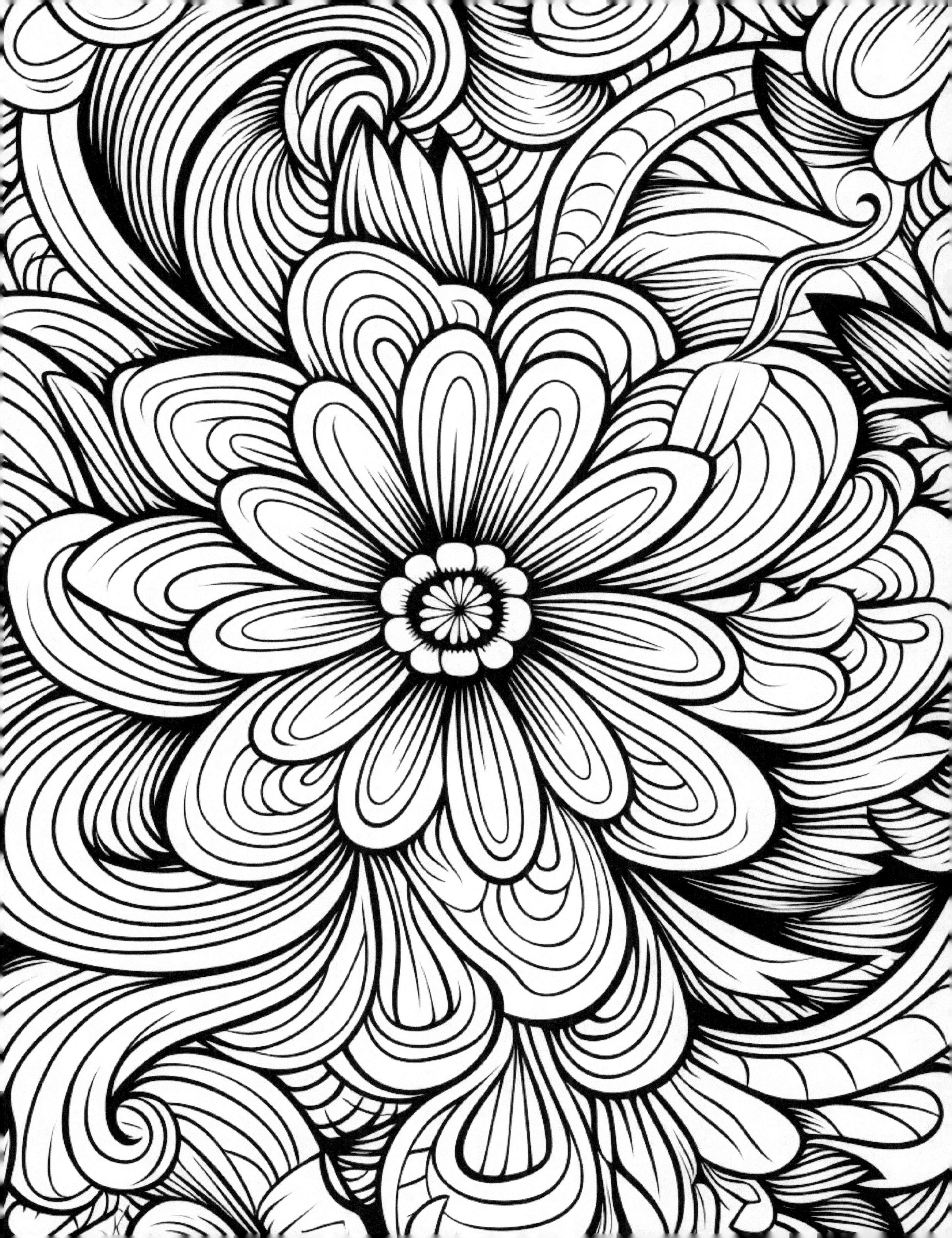

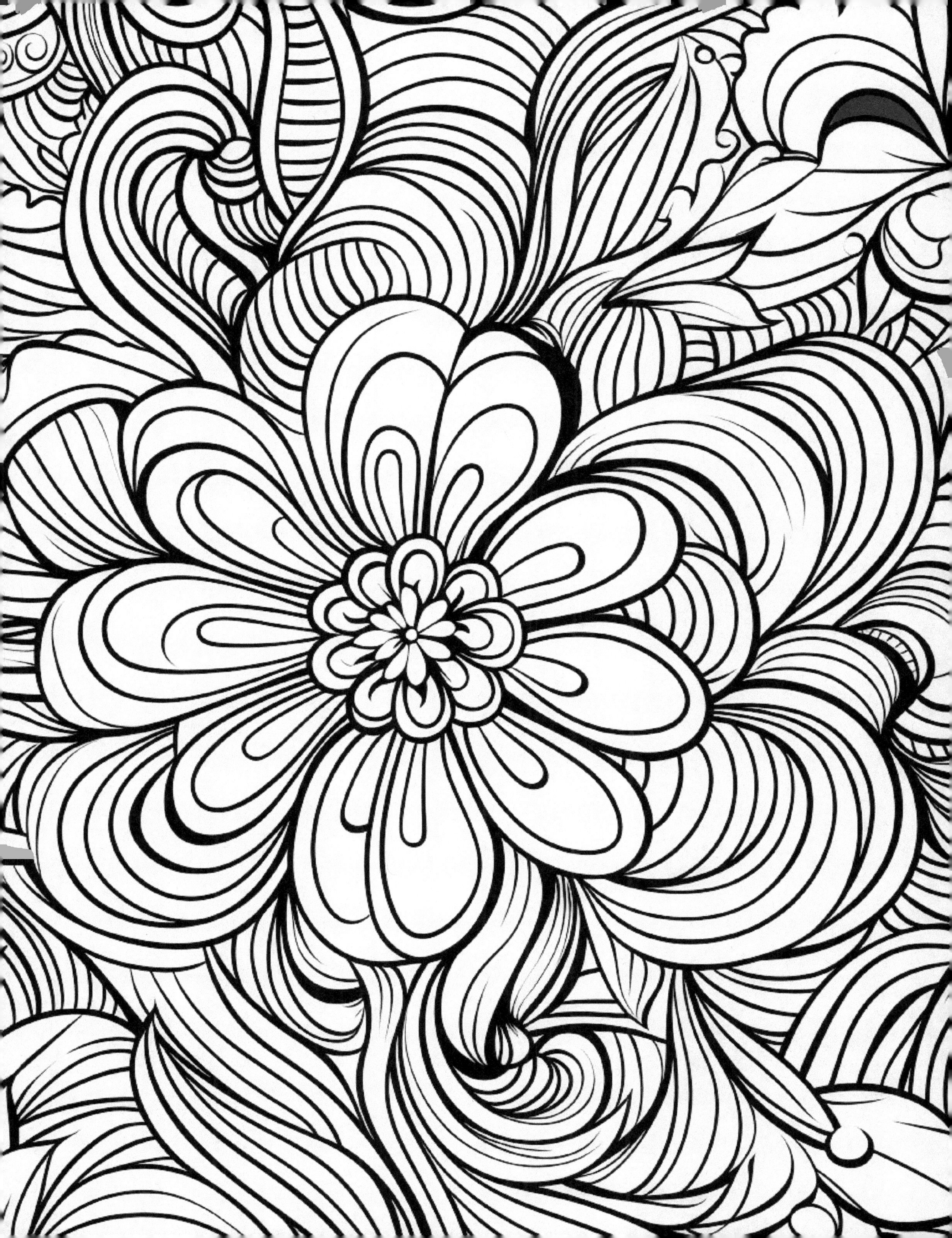

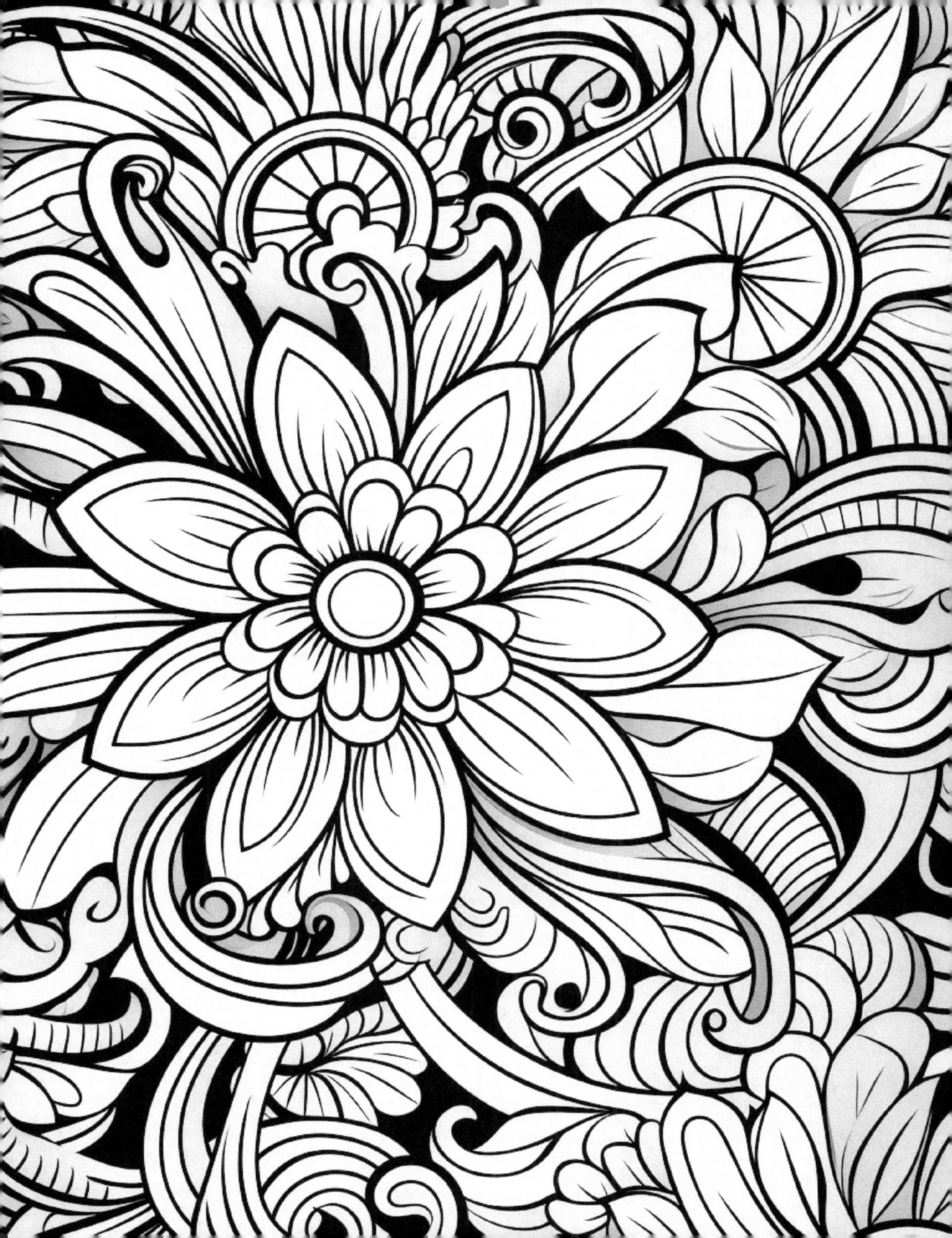

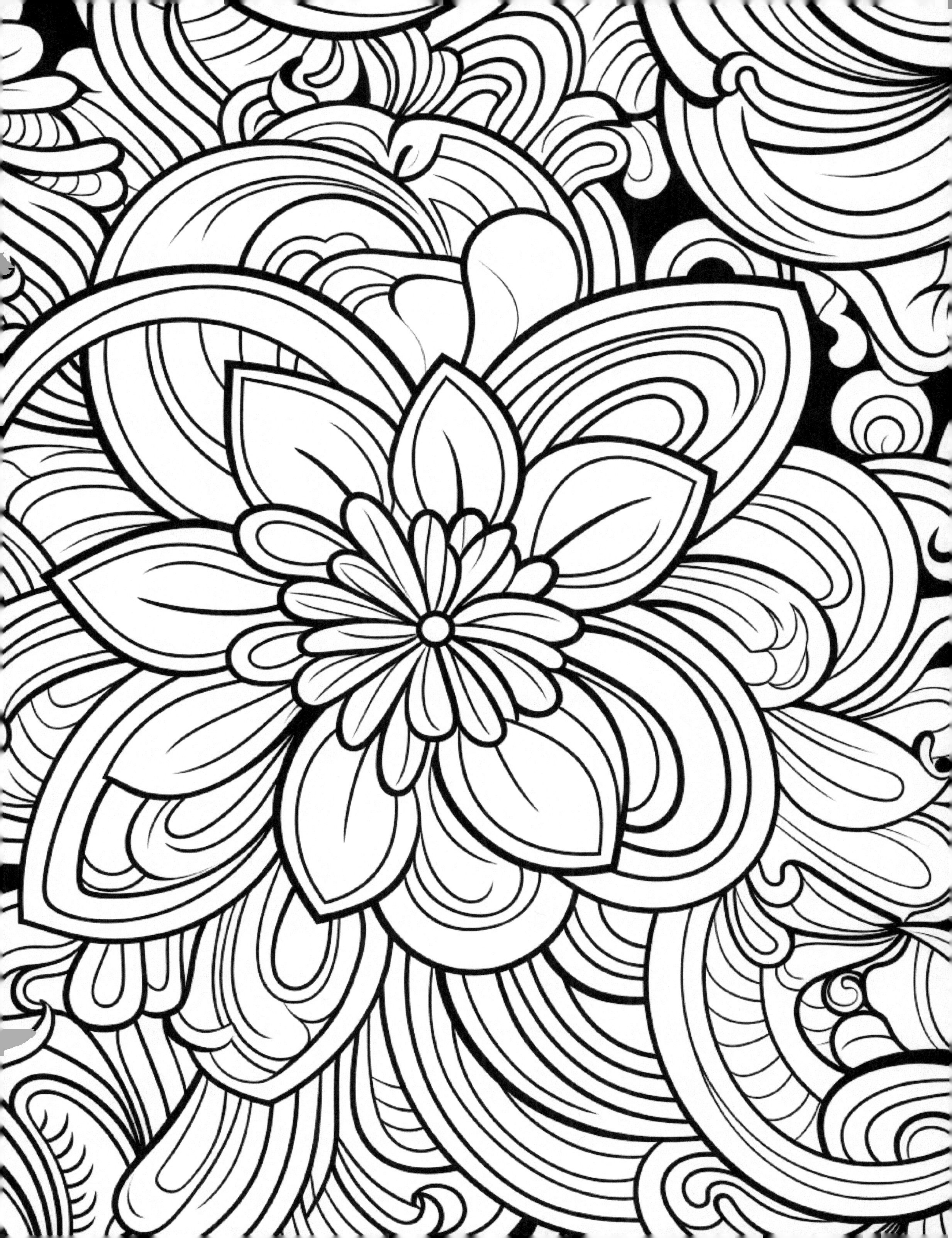

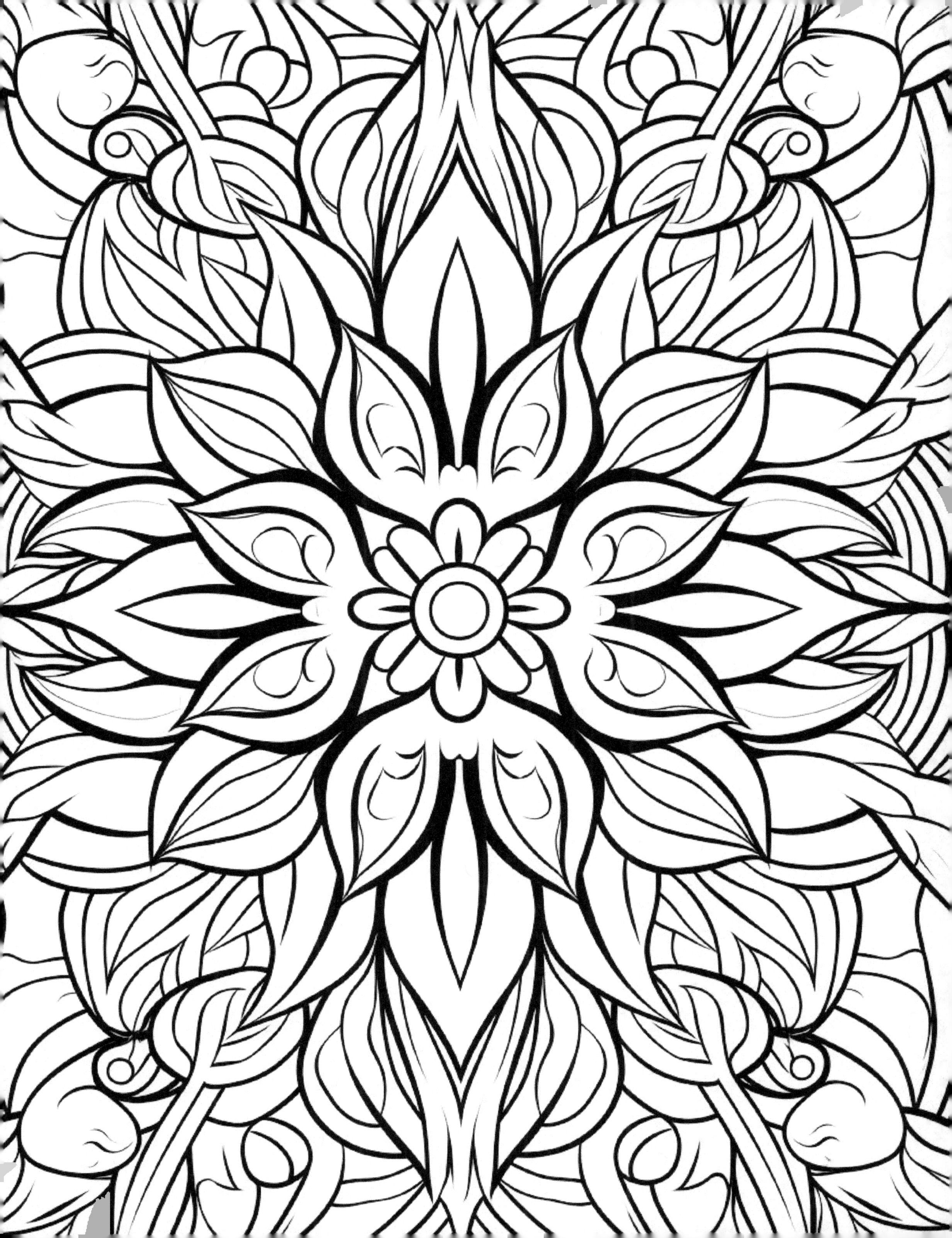

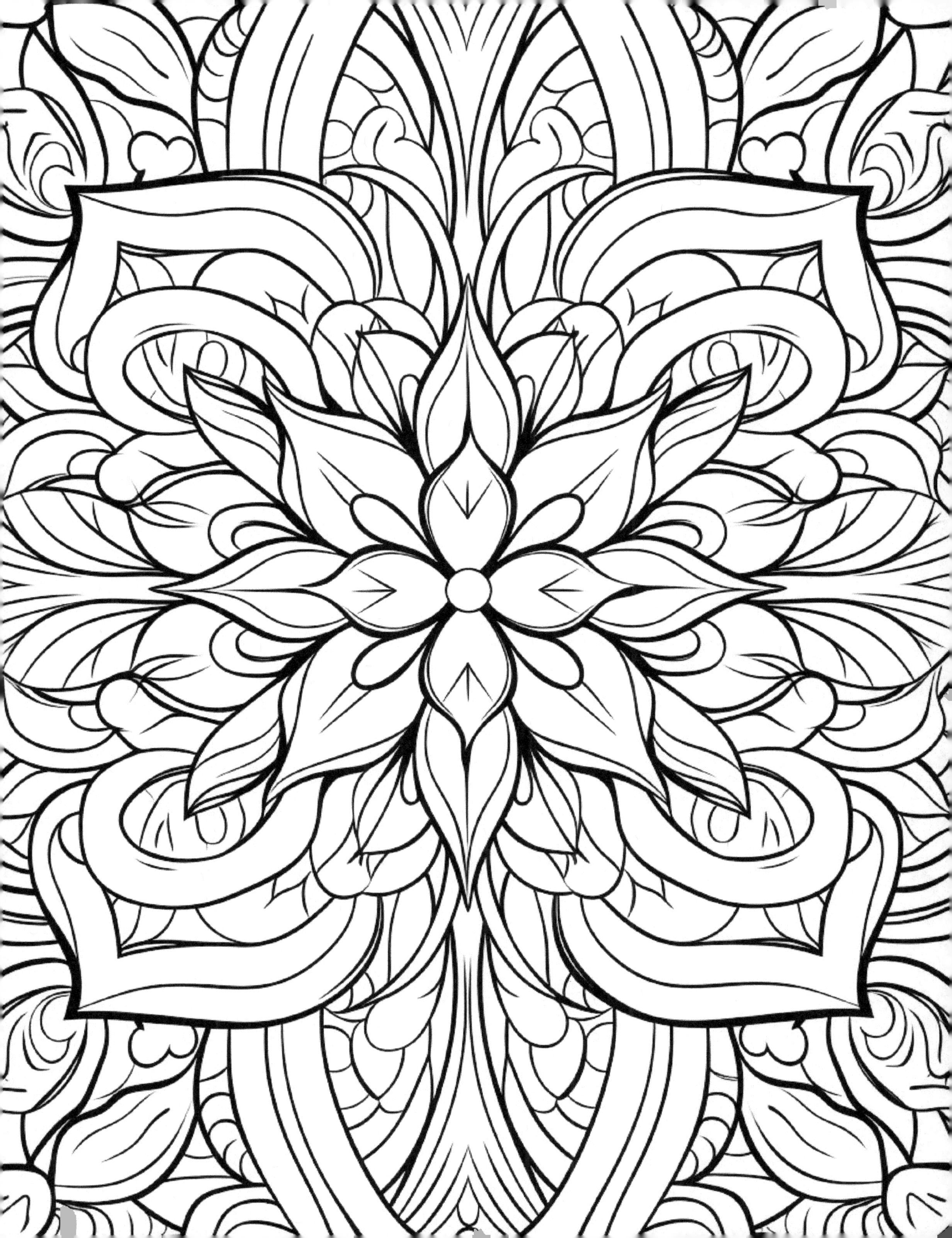

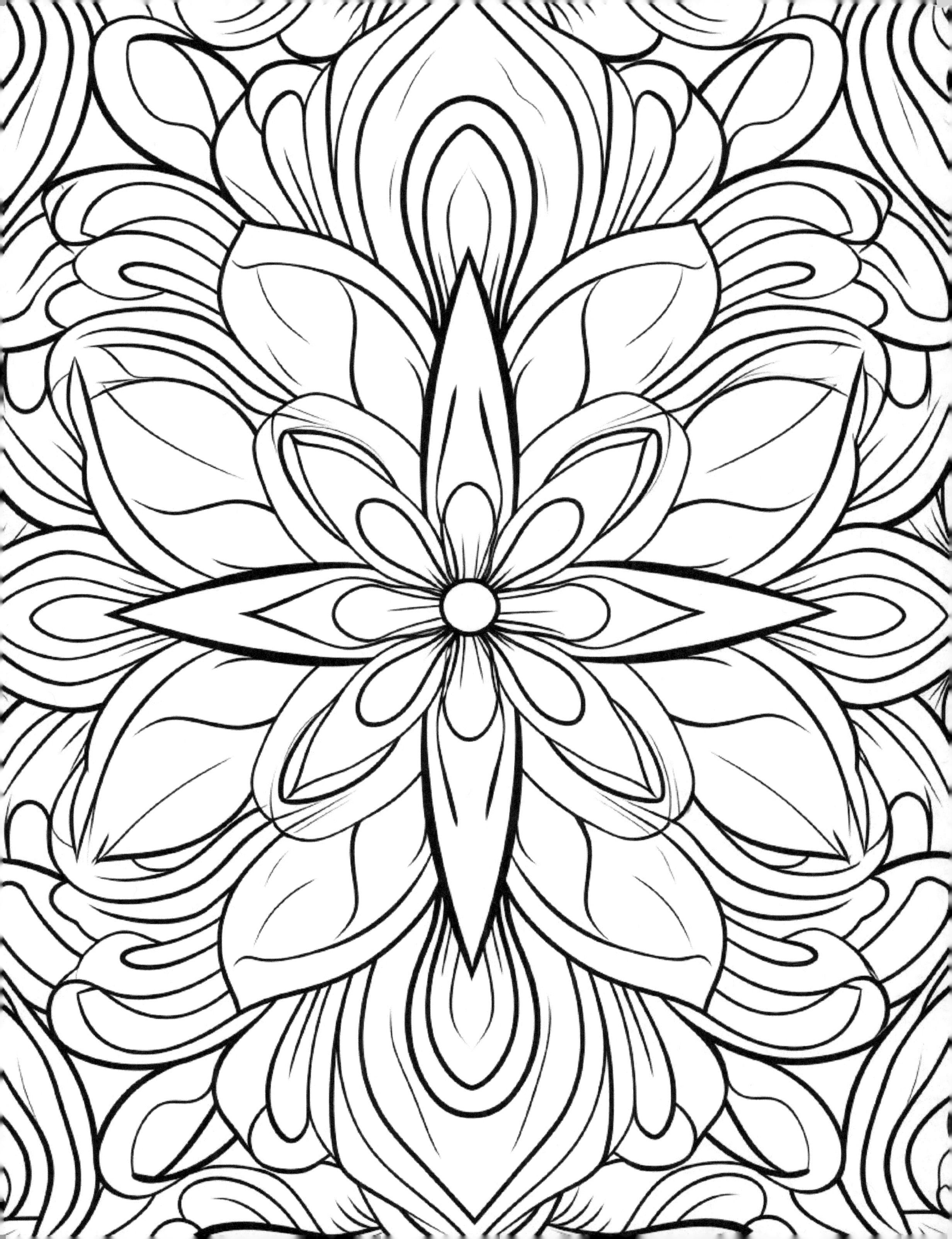

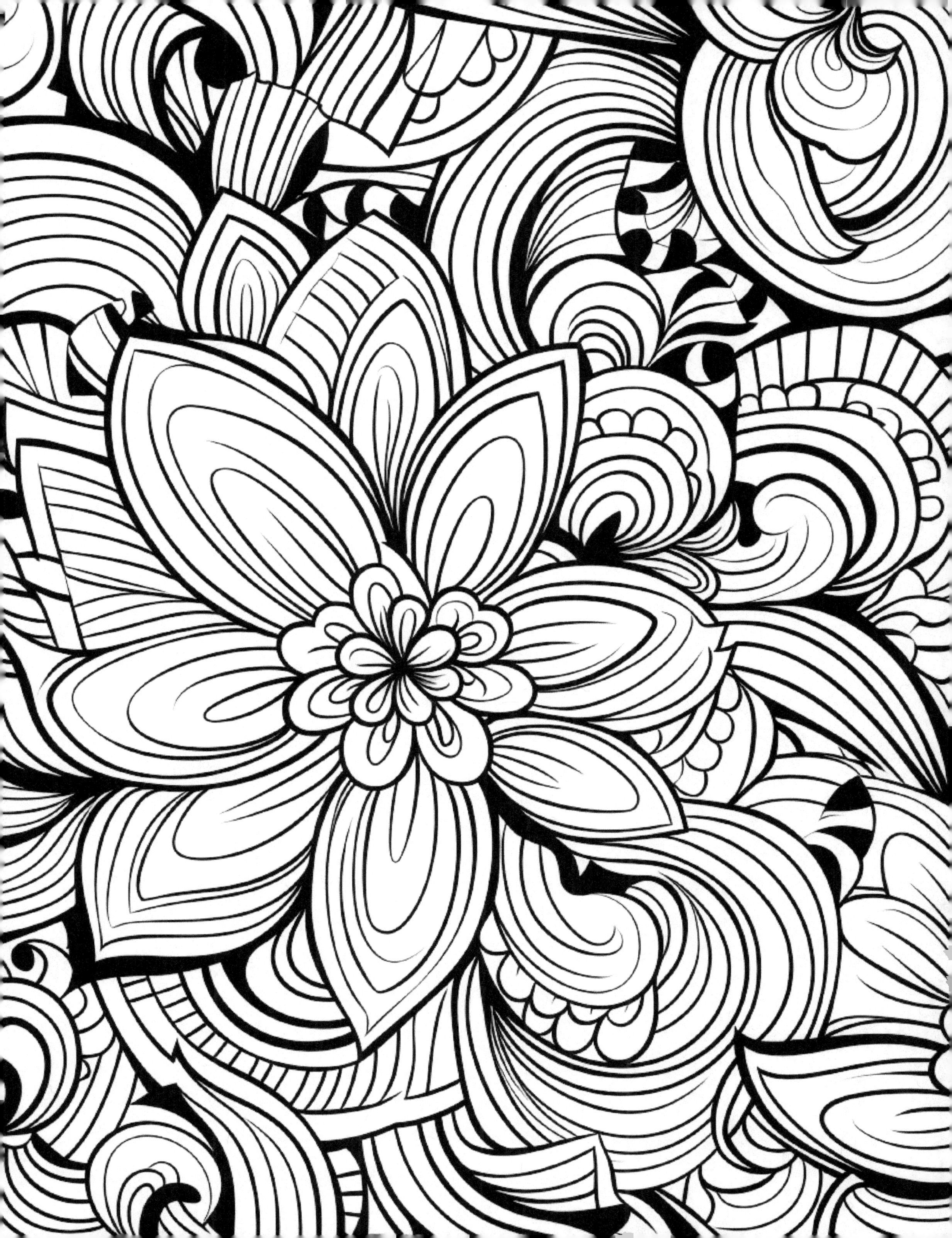

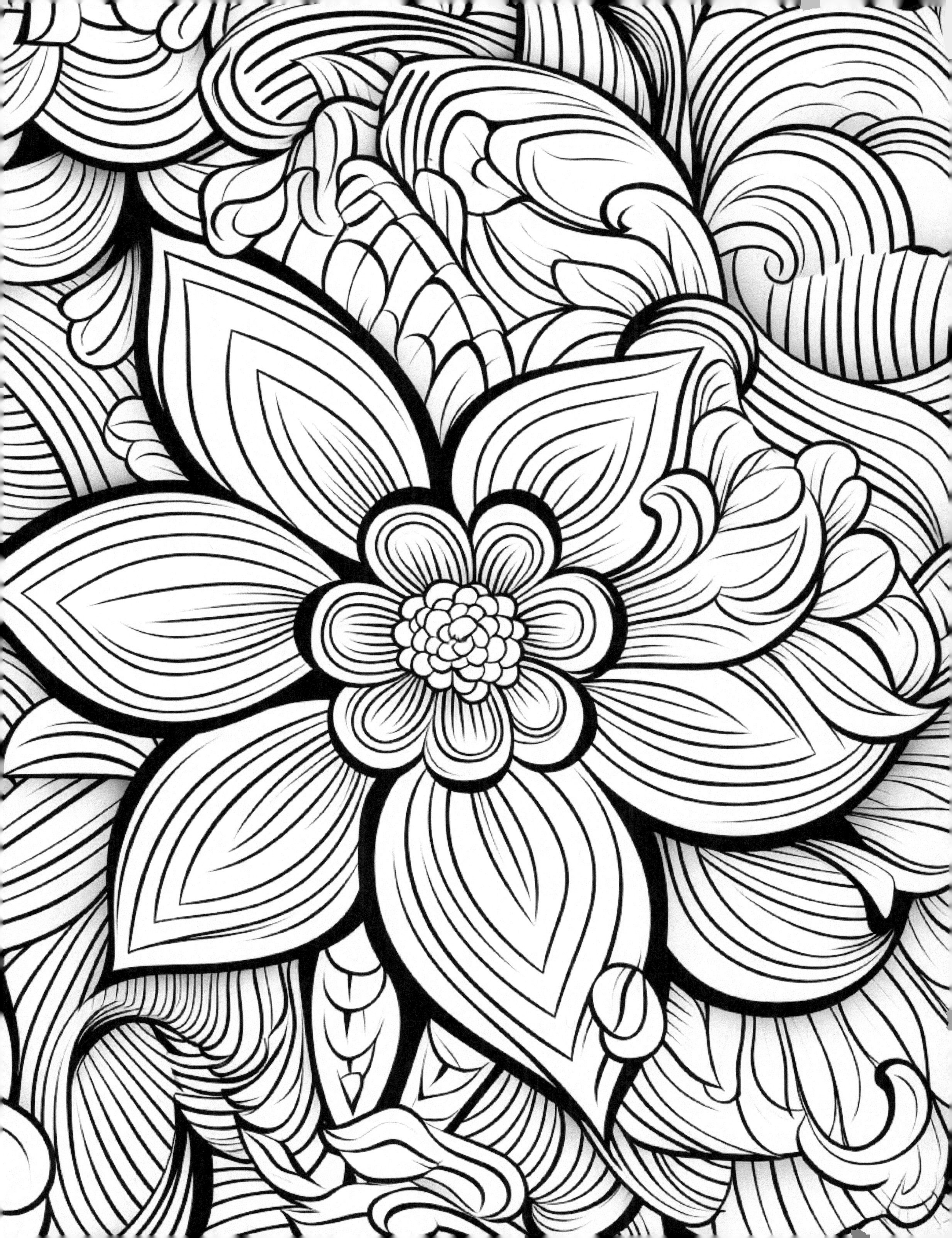

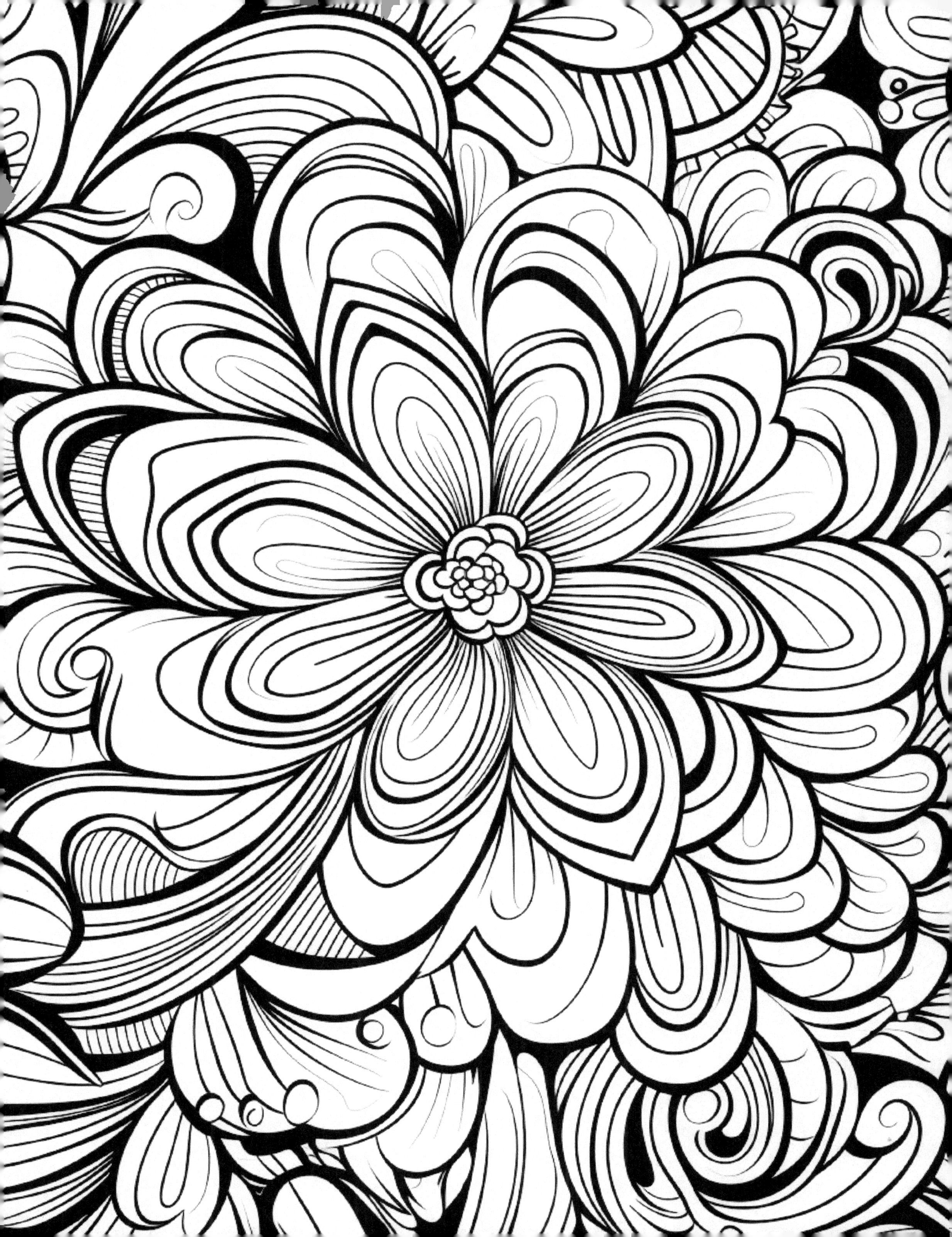

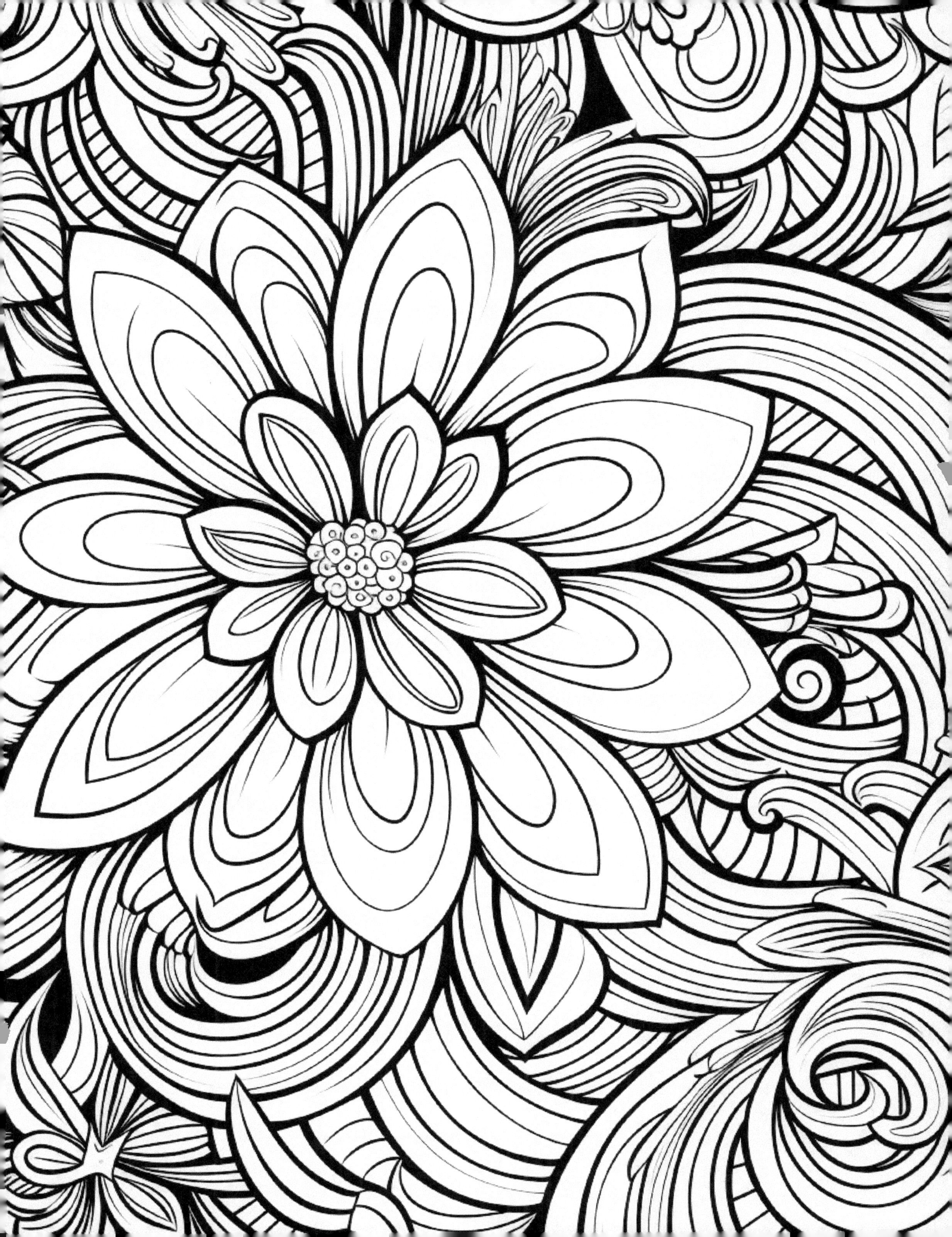

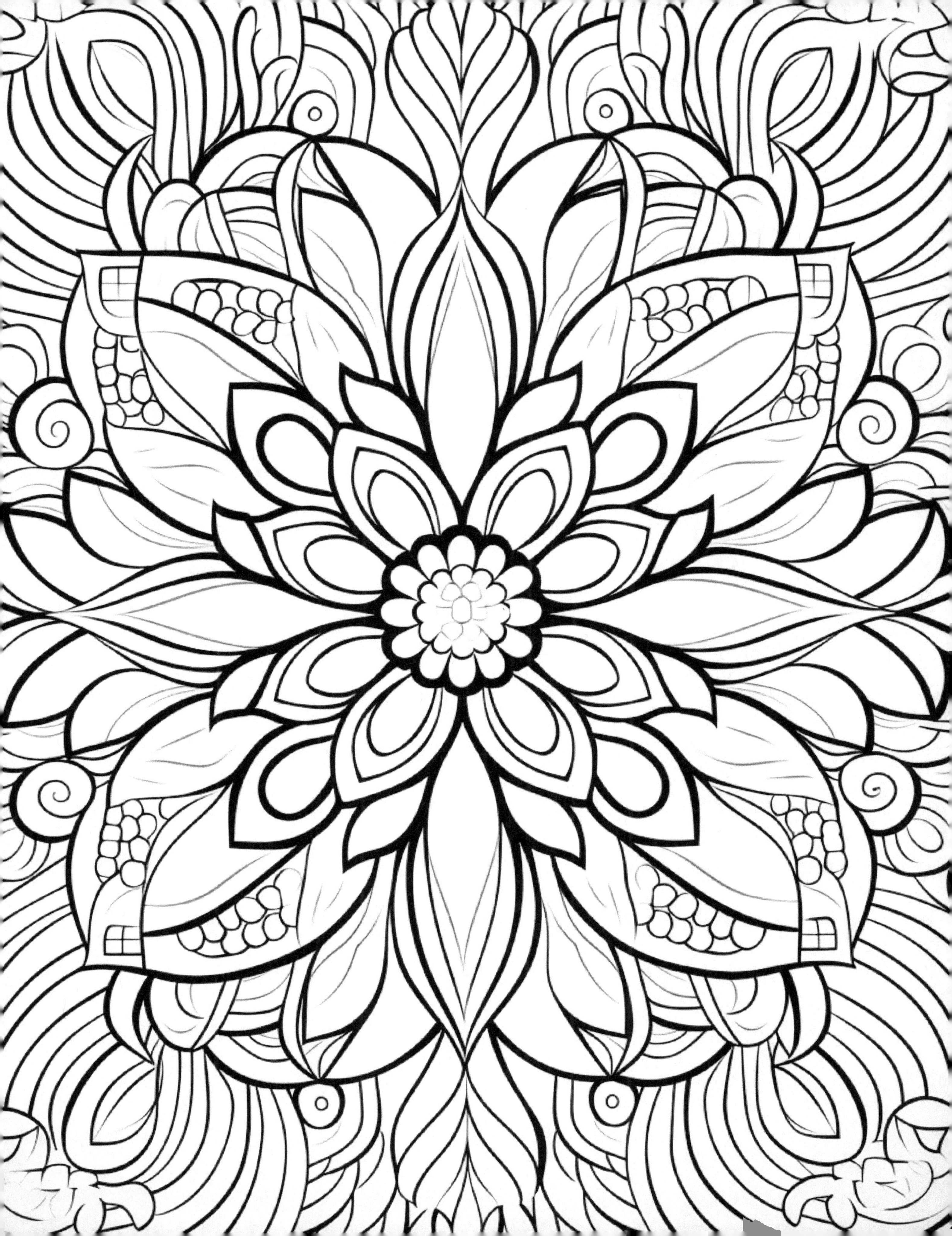

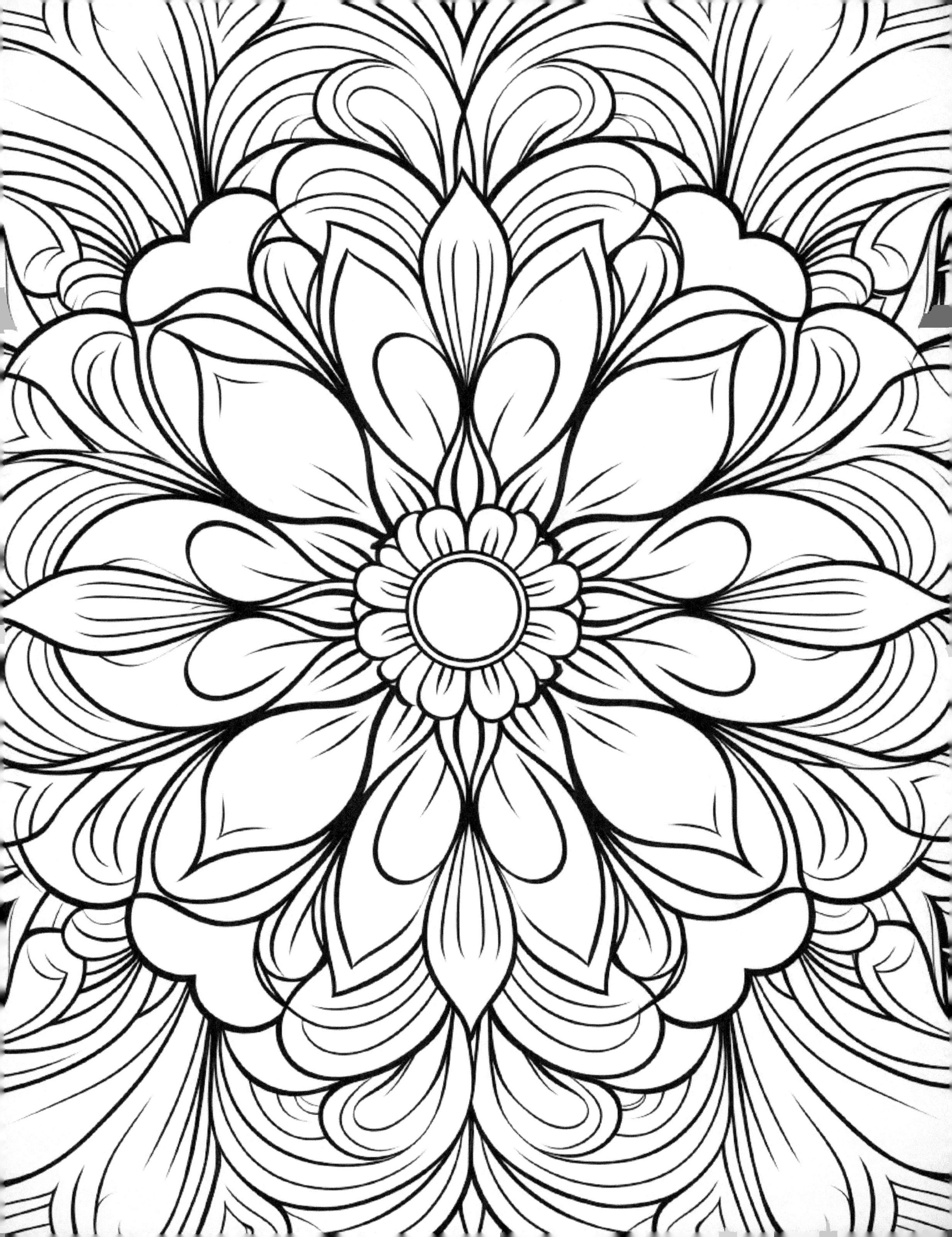

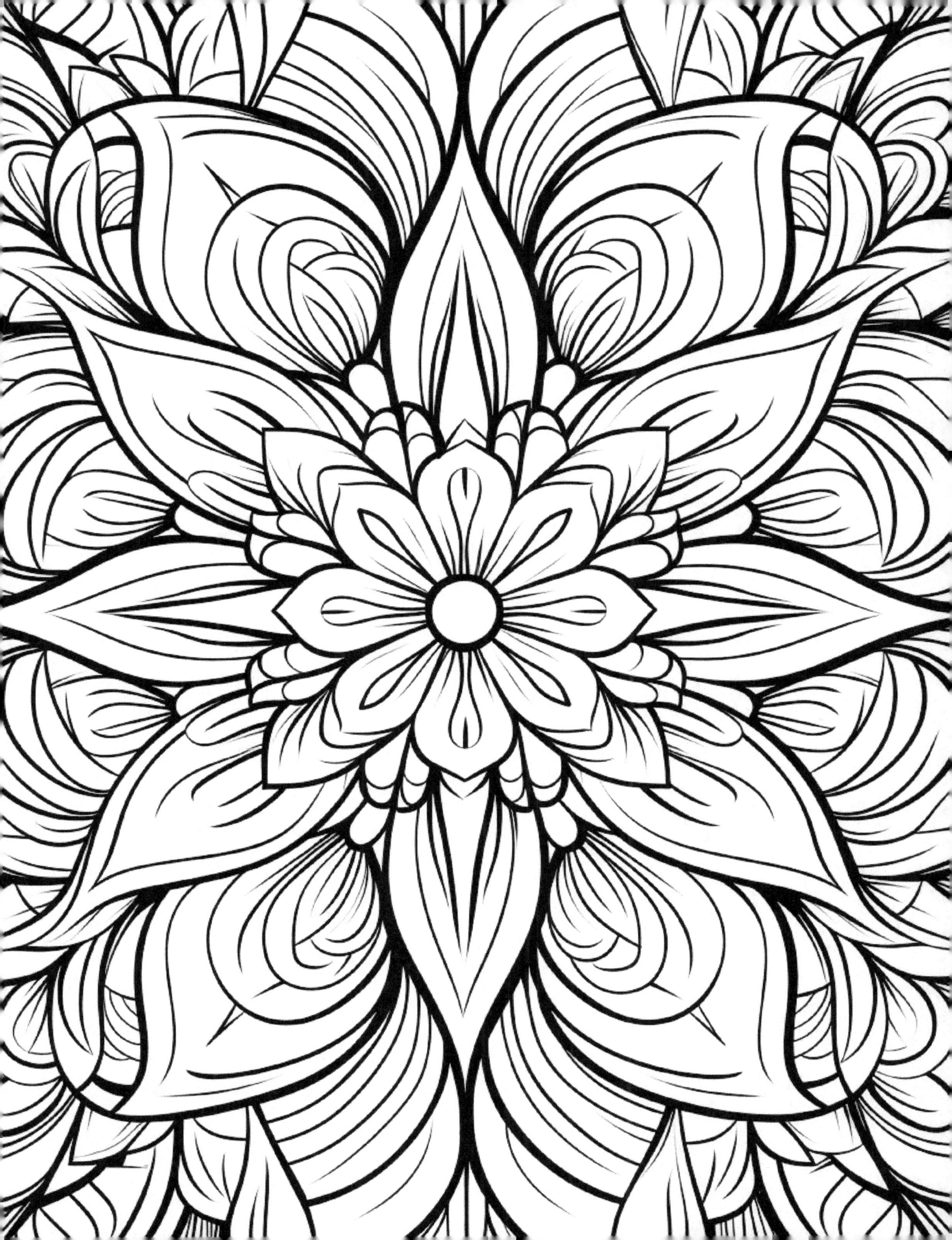

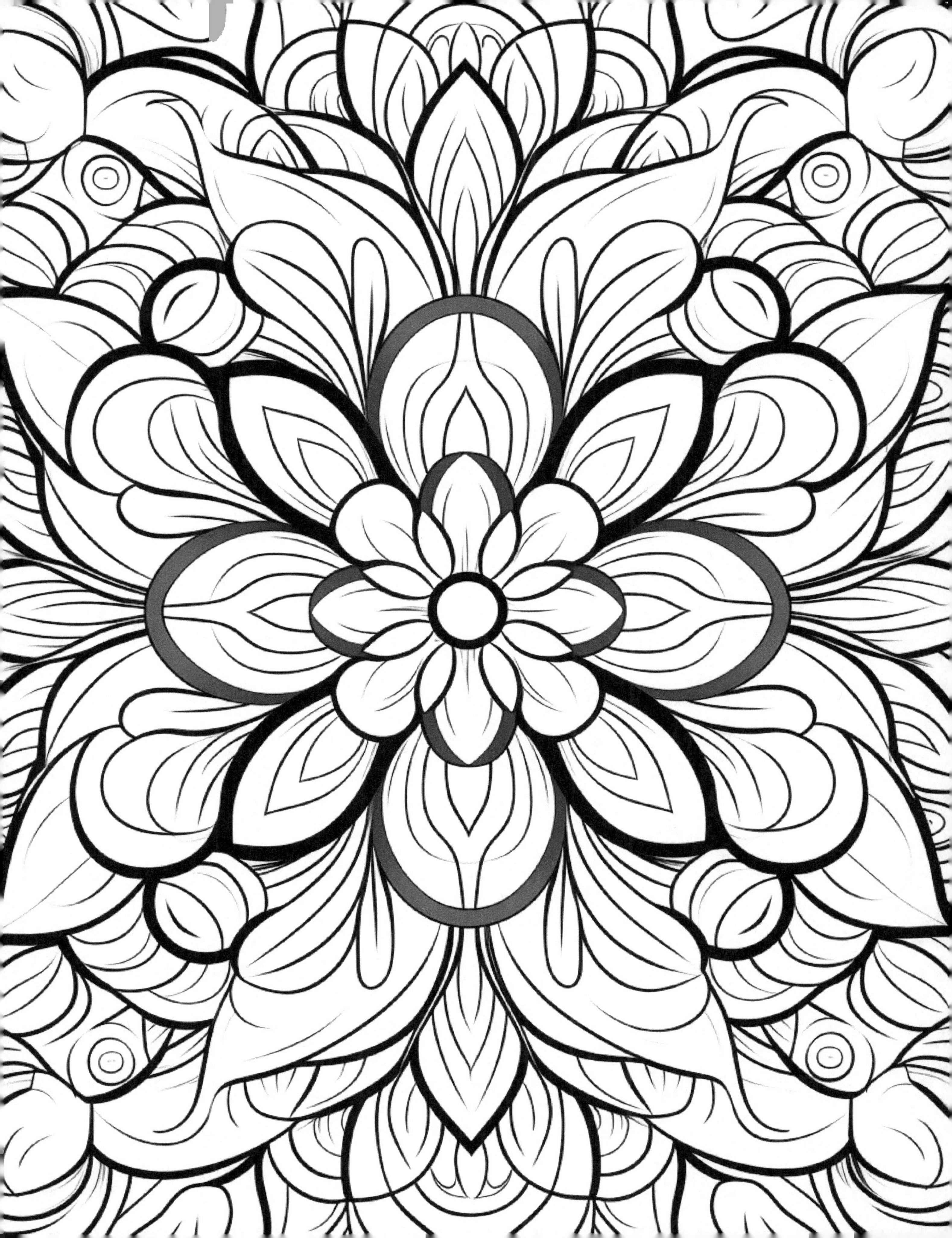

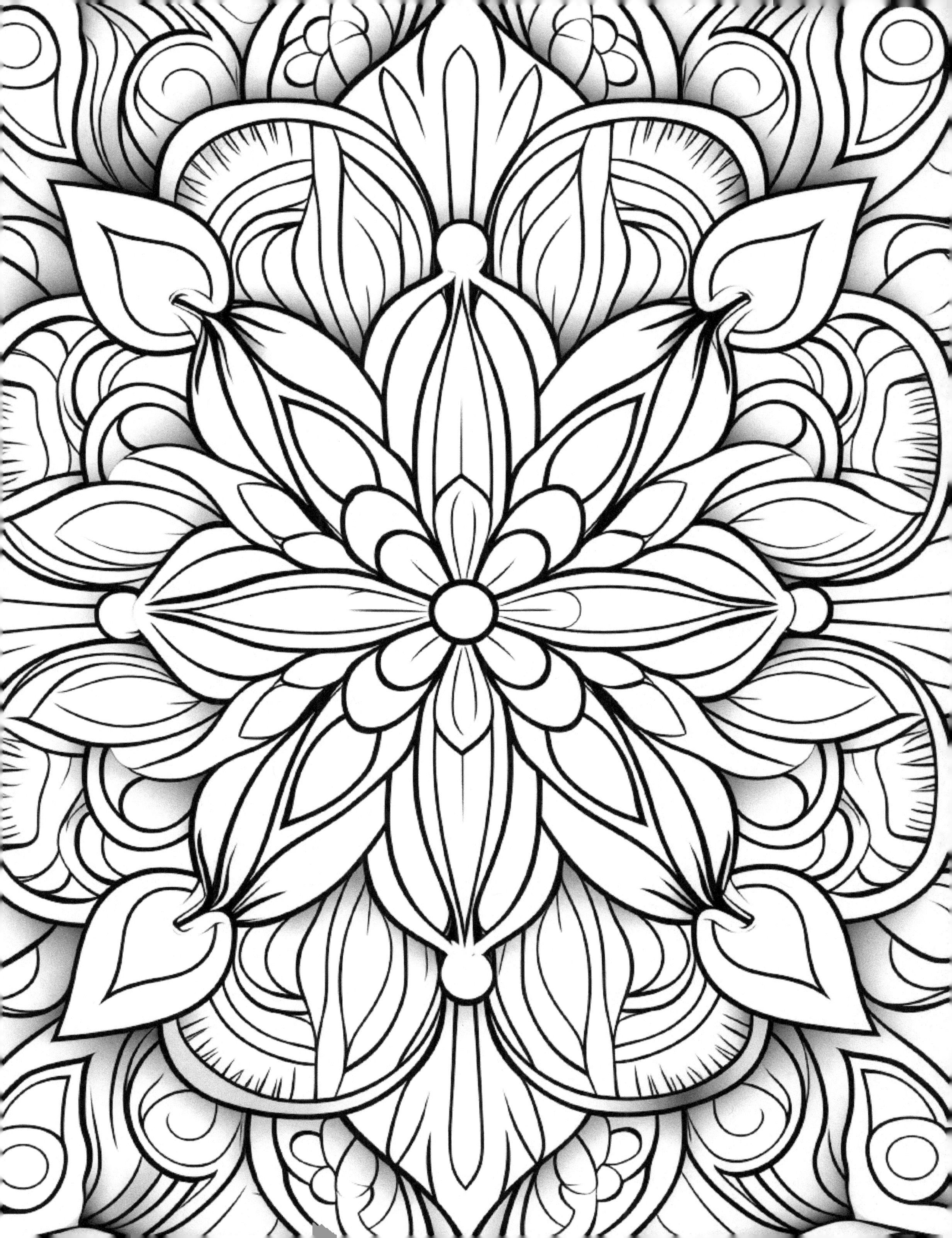

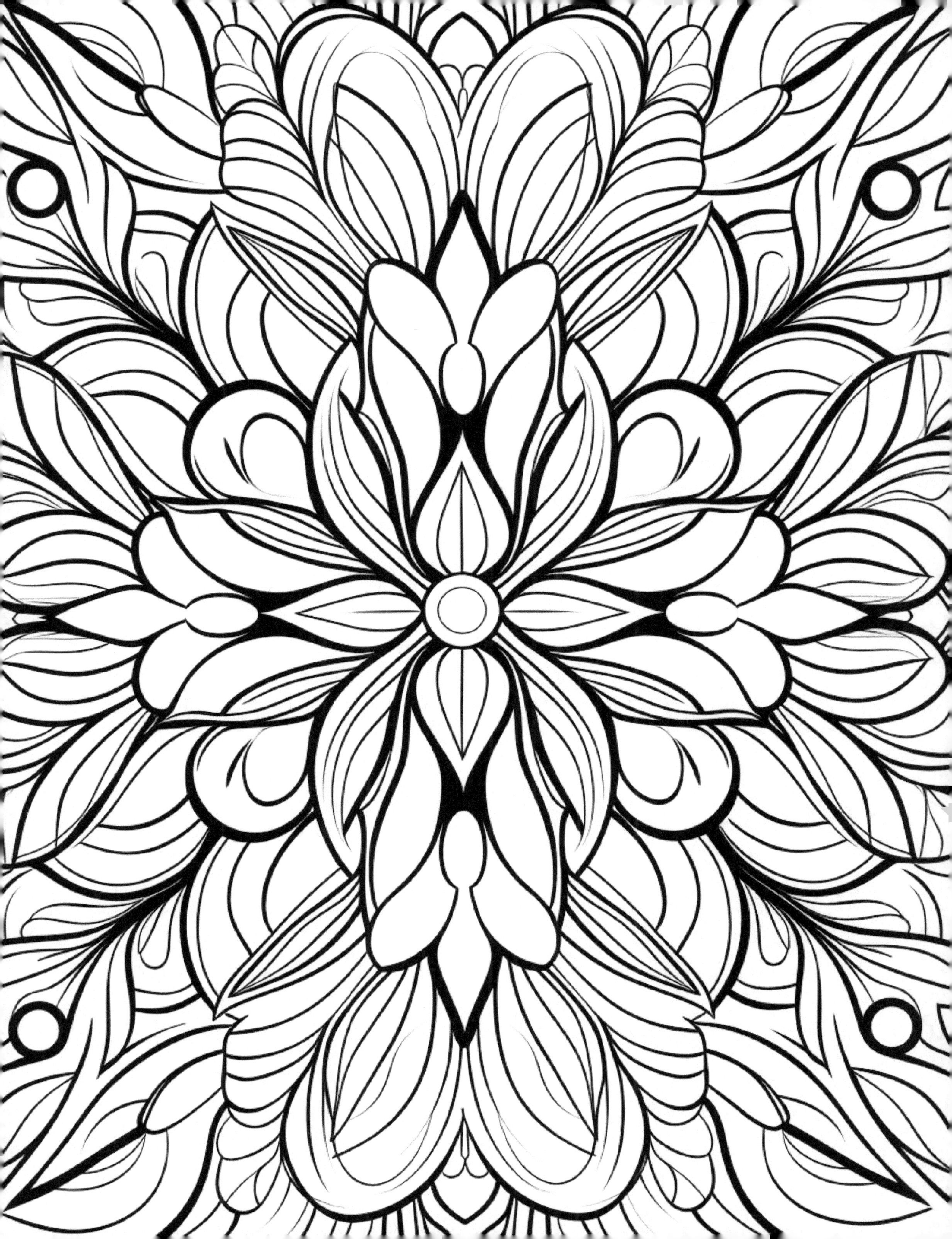

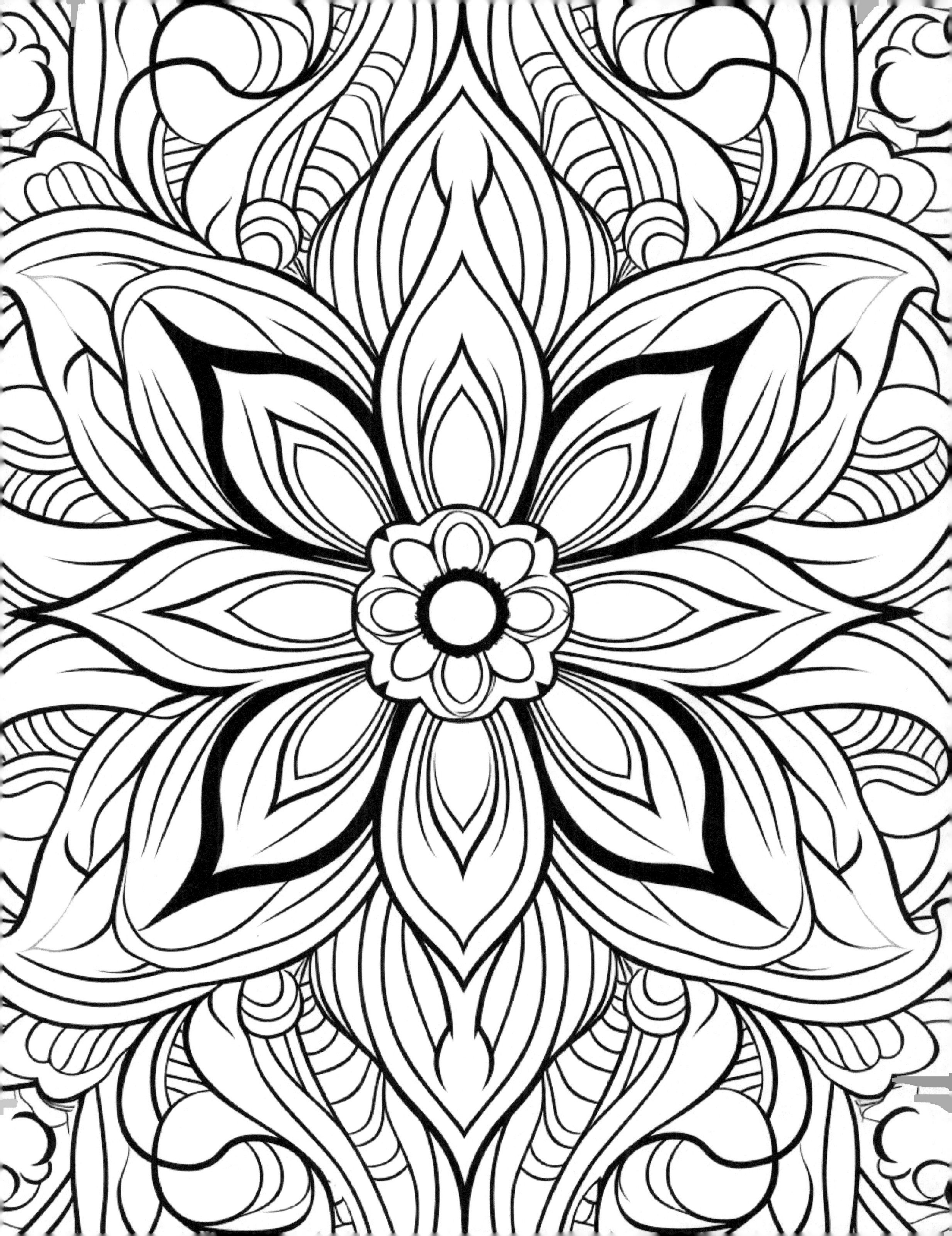

www.ingramcontent.com/pod-product-compliance
Lightning Source LLC
LaVergne TN
LVHW081759050326
832903LV00027B/2014
* 9 7 9 8 8 6 6 7 8 6 6 2 6 *